いいことしか起きない30のルール

時任千佳

幻冬舎文庫

はじめに

はじめまして、時任千佳《ときとうちか》と申します。これだけたくさんの本がある中で本書を選んでくださったことに、まずは心から感謝いたします。ありがとうございます。

今から13年前、ちょうど20世紀から21世紀へと時代が大きく変わる頃、私は「自分探しの旅」を始めました。自由、愛、平和、真実。それらを求めてドラマティックな時間を味わうことができました。

そして、私たちはすでに、これらを自分の中に持っていることに気がついたのです。

この世界に住みながら自分のレベルを上げ、光と闇の鏡を抜けられます。

もちろん、その道は困難に感じるかもしれません。しかしどんな状況でも、幸せに通じる鏡の扉は必ず自分自身の中にあります。どんな状況でも、私たちはいつでも自分の中に、自由、愛、平和、真実を感じることができるのです。

私たちの目の前には、無数の扉があります。

そして私はクライアント（カウンセリングを受ける人）自身の扉を、一つひとつ開けるお手伝いをしています。その扉を開けるために、チャネリング（宇宙とつながること）で常に私をサポートしてくれている高次元の存在に尋ねることもあります。

こういう私ですから、デビュー作となる本書ではスピリチュアルな話題やキーワードが随所に登場します。まずはその点をご理解ください。

今、多くの人にとって問題となっているのが「**過去世（前世）のしがらみ**」です。

これは太古の時代から持ち続ける古い記憶から作られた、いわば魂レベルで持ち続ける「思い込み」であり、その**思い込みから生じた価値観**です。

実は脳の海馬《かいば》という場所には、それを解くための多くのカギがあります。

脳科学がエンターテインメントの世界に登場して久しいですから、ご存じの方もいらっしゃると思いますが、海馬は記憶や空間学習能力を司《つかさど》る場所です。

何らかの出来事によって萎縮《いしゅく》してしまった海馬を解放してあげると、私たちの生き方は劇的に楽になります。そのための方法を知ることで、私たちは過去の失敗を危機的な問題としてとらえなくすることができるのです。

本書を読みながら理由もなく涙が出るとか、心が揺れるという箇所は、皆さんが持っているプログラミング（人生の計画＝しがらみ）だと思ってください。

それを感情レベルで解放することによって、皆さんの中に眠る扉が開きます。扉が開くたびに、キラキラとした光が増します。

そうなるともう、いいことしか起きなくなります。

もし皆さんが何らかの悲しい出来事を経験しているのなら、それこそ、神から与えられた大きなギフトだという事実に気づいてください。

その経験から解放されるチャンスなのです。

だから絶対に、この人生をあきらめないでください。今の自分をたくさん愛してあげてください。何が起きたとしても、私たちは再生できます。私たちが生きて来た、そしてこれからも永遠に生き続ける魂にとって、今回の人生はまばたきのような長さです。そのまばたきの奥にある瞳に愛や自由が映されることで、私たちの人生は永遠に解放されます。

２０１２年２月４日、私は青山のセッション・オフィスを閉じました。表向きはセッションを受けない形で、それでも長い間お付き合いのあった方、そのご紹介の方、地方でのセッションを、一部に限って受けさせていただきましたが、それらのすべても２０１３年２月４日で完全休止しました。

現在は海外から様々な情報を発信したりすることで、あるいは何か違う形で、皆さんのお役に立てることができればと思い、行動しています。

これまで、個人セッションを受けてくださった皆さんには、心から感謝の気持ちで一杯です。私にとっては皆さんの嬉し涙が癒《いや》しの泉であり、皆さんの笑顔が希望でした。私も皆さんと一緒に進化することができました。本当にありがとうございました。

本書は、そんな皆さんへの感謝の思いを胸に抱きながら綴《つづ》る一冊であり、同時に読者の皆さんへの「見えないサポート」になればと綴る一冊です。

文脈上、聞き慣れないフレーズがいくつか出て来るかもしれませんが、できるだけわかりやすく解説するように努めたいと思います。

ちなみに、私がこれから本書で触れる内容は、これまで世間では非常識と呼ばれ、後ろ指をさされたり、あからさまにバカにされたりしてきたことがらです。私自身、そうした世間の風当たりを恐れるあまり、あえて沈黙し、口にして来なかった時期が長く続きました。

しかし、時代が大きく変わろうとしています。

これまで私たちが握り締めて来た「思い込み」を手放す時が、やっと来たのです。

その息吹を感じ、私自身が周囲に背中を押されるような感じで、今回、書籍を出版させていただく運びとなりました。

私は、これまで長きにわたって持っていた思い込みの数々を手放しました。

手放すと自由です。自由になると、自分と周囲の関係性が驚くほど好転します。

好転すると、どうなるのか？

当然、笑顔の数が増えますすし、いいことしか起きなくなります。

そんなわけで、本書はまず、私自身のこれまでを書くところからスタートしたいと思います。どこにもオープンにして来なかった話が山のようにありますので、正直言うと、ちょっと緊張しています（笑）。

では皆さん、最後までどうぞ宜《よろ》しくお付き合いください。

いいことしか起きない30のルール　目次

第一章
自分の役割に目覚めるまで

第二章
しがらみを手放すルール

第三章
自分の使命に気づくルール

第四章
幸運体質に変わるルール

協力　せちひろし事務所
DTP　美創

第一章

自分の役割に目覚めるまで

❋襲ってくる恐怖に負けた自分

それはちょうど、飛行機に乗っているような感覚でした。

耳元で「ゴーッ」という鈍い響きが大音量で鳴り始めた途端、キラキラと美しく、まるで日だまりのような優しい光に私の体が包まれました。小学生の時に映画館で観た『未知との遭遇』のワンシーンを思い出させるような光景でした。

〈体が、溶ける……〉

焦りを実感する間もなく、体を残したまま私はその光に吸い込まれました。

六畳一間の古びたアパートに、**別世界の扉、つまりパラレルワールドが開い**

た瞬間でした。

その体験後、しばらくは恐ろしいという感覚しかありませんでしたが、次第に私の人生は大きく変わり始めました。

現在、私がチャネリング（宇宙とつながること）を通して、大勢の方に様々なメッセージを送ることができるようになったのも、この出来事がきっかけです。

それ以前の私は、12歳くらいからひどくなったアレルギー体質と喘息《ぜんそく》に苦しめられる毎日でした。

今になって思うと、それは私自身が生まれた時から持っている「霊媒《れいばい》体質」が原因だったのですが、当時はなぜこんなに体の具合が悪いのか全くわからず、ただつらい日々を送っていました。

そしてその頃から、頻繁《ひんぱん》に霊体を見る、あるいはあちこちから奇妙な声が聞こえる、そんなことが日常茶飯事となりました。

地元・北九州市の高校を卒業後、上京してからというもの、私は朝から夜までバイト漬けの毎日でした。ウェイトレスなど様々な仕事をしました。19歳の時、知人の紹介でモデルの仕事を始め、広告、雑誌、CMなどに出演し、金銭的にも少しずつ豊かになりました。しかし相変わらず調子は悪く、撮影スタジオのペンキやたばこの臭いでいつも気分が悪くなり、一度は過労のため道で倒れてそのまま救急病院に運ばれたこともありました。

そんなある日、突然、大きな映画での主演という仕事がほぼ決まったのです。

しかし決定直前、急に自信がなくなり、激しい恐怖心にとらわれてしまいました。

「本当にやれるのだろうか。……いや、私には無理かも」

猜疑心《さいぎ》が募り、普通に息をすることさえ苦しくなっていた時に、当時有名な女優さんが監督の意向でその役を演じることになったと、私が所属していた事務所と映画会社の役員から告げられました。

それを聞いた瞬間、私は大泣きしました。

悔しかったのではありません。**恐怖から逃れることができ、ホッとしたのです。**

そこには、顕在意識では女優になりたいと願っているのに、次々と襲って来る恐怖に負けた弱い自分がいました。そのことがあって、私はそれまでかろうじて持っていた自信をなくし、常に否定的な考えを持つようになり、体の調子がますます悪くなりました。

❋生きていても、何の価値もない

1980年代の半ばから後半、つまり20歳から22歳くらいですが、普通なら意気盛んな年齢のはずの私の日々は、病院通いか体調が悪くて終日寝ているような状況でした。

当然、何もかもが嫌になってしまい、所属事務所の社長に仕事を辞めると伝えたのですが、3年間、給料制にするから所属していて欲しいと言っていただきました。今考えると、感謝してもし切れません。本当にラッキーでした。

当時は今と違い、モデルと女優は全く違う分野扱いでしたので、ある脚本家から「モデルなんかやっていたら女優にはなれないよ」と冷たく言われたこともあります。

モデルの仕事は一切しないという条件で、たまに重い体を引きずりながら女優のオーディションに行くだけの毎日……。でもほとんど起き上がれない状態だったので、事務所からいただく月に15万円程度のお給料が生活の支えとなりました。

私はほとんど家から出ない「引きこもり生活」でしたので、世間がいわゆるバブル時代に突入していることさえ、ろくに知りませんでした。

結婚した当初、バブル経済が破綻と騒がれていたので、夫に「バブルって何？」と聞いたら、かなり驚かれたのをよく覚えています。

自分と同じ年代の女の子たちはキラキラと輝いていて、何もかも楽しそうでした。

お洒落《しやれ》を満喫し、おいしいものを食べ、みんなで飲んで、自由に恋して、青春を楽しんでいる。なのにどうして私はこんな姿なのか。喘息の発作に苦しみ、意識が遠のき、朝起きてまだ息をしていることが嬉しいようなつらいような複雑な感情の繰り返しです。

よく金縛《かなしば》りにかかっていたし、仕事でホテルに泊まると必ずと言っていいほど地縛霊《じばく》（浮遊霊）を見るし、変な声を聞いてしまう。……いつもビクビクして生きていました。

〈こんな人生が続くのであれば、今ここで死んだほうがマシじゃない〉

生きていても何の価値もない私。

やっぱり死んでしまおう。

手首を切ってしまえば、きっと楽になれる。

しかし、死のうとした瞬間、すでに死んだ魚のような私の瞳の奥に、女手一つで育ててくれた母の顔が映ります。母を悲しませたくないという気持ちと、当時、寝たきりの私の部屋があまりにも汚すぎて、自分の死後に部屋を見られたくないという気持ちから、自殺するのを思いとどまりました。

でもだからと言って、何を目標に生きていけば良いのか、全くわかりません。

そんな時、たまたま読んだ本が私の心を動かしました。

その内容は、**なりたい自分を毎日寝る前にイメージする**というものでした。もともと子どもの頃から妄想が大好きだったので、なりたい自分を鮮明に描くのは簡単でした。

そこで私はまず、健康になっている自分の姿を思い浮かべました。テニスコートがある家で楽しくテニスをしている自分、いつも笑顔で元気一杯の自分をイメージしたのです。これを毎日、家で横になりながら実践しました。住みたい家のイメージ、カーペット、カーテン、とにかく何度も細かくイメージすることが大切です。

寝てばかりの日々だったので、その手法は私にピッタリでした。そもそも引きこもりですから、時間だけはあります。寝る前のエンドルフィン（脳内の神経伝達物質）が出ている状態で、その妄想を毎日続けることができました。

それは日課というか、ほとんど趣味と化し、イメージすることが待ち遠しいくらい楽しくて仕方がありませんでした。

それと同時に、その本に書かれていた「**心に引っかかる人に感謝をしなさい**」ということも始めました。

❋ ただ父に愛されたかった

感謝と言われてまず浮かんだのは、父に対する思いでした。

私が幼稚園の頃、両親が離婚しました。しかし子どもである私たち三姉妹は親が離婚したことを知らず、仕事のために家を空けている父が家に「やって来る」のを楽しみにしていました。私の記憶にある父と母の関係は、ただケンカしている姿だけです。

私が10歳の時のこと。親戚から「千佳ちゃんのお父さんとお母さんって、離婚しているんだって」と軽く言われました。

今でも、この時の光景、その台詞《せりふ》を鮮明に覚えています。

心の中で否定し続けていた事実を突きつけられた瞬間でした。すべてのつじつまが合います。親戚たちが交わす噂《うわさ》話で、二人がどんな関係でどんな状況だったのか、嫌というほど知るようになりました。

次第に「母をだましたひどい父親」というイメージを植えつけられました。

確かに父親はお金にルーズでした。

高校卒業後、上京した私はすでに東京で一緒に住んでいた父と姉二人と暮らすことになったのですが、父はマンションの家賃を1年以上払わず、挙げ句の果てに行方不明になってしまいました。

その頃、一番上の姉は美容師になったばかりで安いお給料しかもらっておらず、二番目の姉も専門学校に通っていたため、知らないうちに父が作った借金が払えません。私たちは呆然《ぼうぜん》としました。

結局、私が18歳から1年間バイトをしてようやく貯めたお金、ほとんど寝ずに働いて稼いだお金と、親戚に頭を下げて借りたお金で数百万もの借金を返しました。

今では笑い話ですが、当時はお財布にいつも120円くらいしか入っておらず、電車に乗るお金もなかったので、ずっと歩いていました。

父はその後、いきなり現れては私からお金を借り、すぐに行方をくらまします。私はそんな父を受け入れられませんでした。

でも当時の私の気持ちは「**ただ父に愛されたかった**」。この言葉に尽きます。

だからお金を返さない父を恨んだことはありません。

私が女優の仕事でパリに行った際、当時の私にとっては高額な品物を迷った末に買い、父にプレゼントした時にこんなことを言われました。

「こんな安っぽいもの使わないから、誰かにあげたら?」

ショックでした。

喜んで欲しかった。

ただ愛されたかった。

優しい言葉をかけられたかった。

父と仲良くできるのであれば、私は何も欲しくありませんでした。

今の私ならわかります。父は愛し方を知らなかったのです。優しい言葉をかけられない人だったのです。そして威厳のある父親でいたかったのです。

❋見ていてくれる存在がいる

そういういきさつがあるので、私は父に対するわだかまりを解消するかのように、感謝することから始めました。

「心から愛しています。ありがとうございます。私が何かをしたのならごめんなさい。どうぞ幸せになってください。私も幸せになります」

毎日、父をイメージして何度も言葉にしました。

〈よし、こうなったら家族みんなの幸せを祈ろう〉

私が子どもの頃、母は父親の役割も果たすために、祖母が経営している飲食店で元日以外は休みを取らず、一日中働いていました。

私が学校から戻ると、もう仕事に行っており、戻って来るのは真夜中です。母に会えるのは朝、それも寝ている姿です。

三人の子どもを育てるのは大変なことです。

私自身、三人の子どもを授かりましたが、育児にはかなりの葛藤がありました。両親がそろっていても大変なのに、母はシングルマザーというストレスの中で、私たち三姉妹を育ててくれたのです。

もちろん、イライラして私たちに当たることもありました。

手を上げることもありました。

そんな「大人の事情」がわからない私は、どうしてそんなに厳しいのか、もっと優しくして欲しかったという気持ちが正直ありました。

母に対しても、心から愛されたいという気持ちがあったのです。


こんなこともありました。

私が東京で一人暮らしをしている時のこと。母はその当時住んでいたマンションのローンを払えなくなったことがあり、私は母から70万円ほど貸して欲しいと相談されました。

言われて通帳を見ると、蓄《たくわ》えはちょうど70万円くらい。そのお金を出してしまえば、私の手元には1000円程度しか残らないので、その月の光熱費さえ払えません。

「大丈夫、多分何とかなる。今までも何とかなったんだから」

直感を信じた私は迷うことなく、母の口座に70万円を振り込みました。

しかしその振込後、口座残高を確認したところ、ほぼゼロだと思っていた口座には何と40万円ほどの残高があったのです。これには驚きました。

実は母に振り込んだ日の午前中、父が私の口座に40万円を返済していました。ちなみに父が私に借金を返済したのは、この時が最初で最後でした。

その瞬間、神は存在すると感じました。

〈どこかで見ていてくれる存在がいる……〉

そんなことまで含めて、色々とあった両親、二人の姉、父の悪口を私に言った親戚、それまで出会った嫌な人、**それらすべての人に「祈る」ことを始**

めたのです。

❋天井に吸い込まれそうになった夜

みんなの幸せを祈ることを始めて1か月後。

ある夜、横になって「ありがとうございます」と感謝をしていると、耳元でゴーッという音が聞こえました。

「え、……何だろう?」

そう思った瞬間、突然ゴーッという音と同時に、天井が開くようなイメージが見えました。心臓の音がバクバクと聞こえます。「何これ?」と焦《あせ》った途端、天井が神々《こうごう》しく光り、キラキラと輝き始めたのです。

私の体からは「自分」が出てしまい（幽体離脱状態）、開いた天井の中に吸い込まれそうになりました。意味もわからないまま、懸命に自分の体へと戻ろうとしました。とにかく怖くて経験のない衝撃です。

あれだけ毎日、ひたすら死にたいと思っていたのに、どうやったら死ねるかを毎日考えていたのに、その時の私は死への恐怖感で一杯でした。

実はその体験の2週間ほど前から、私は毎日UFOの夢を見ていました。それはとてもきれいなカラーの夢で、UFOが私を迎えに来るという内容です。私の意識もなぜか宇宙へと飛んでいました。部屋で体験した音も、後でUFOの音だったのだと気づきました。

今でこそスピリチュアルという言葉が社会に浸透していますが、当時はそういう情報や考え方が全くと言っていいほどありません。幽体離脱やＵＦＯなんて口にすると、あいつはオカルト好きで頭がおかしいのだと一様に蔑《さげす》まれました。

〈もうこんなことには、絶対に関わりたくない〉

震えるような体験後、私はそう感じました。

私は不思議なことを考えるのを一切やめました。

それまで、慢性的な不調に悩まされていたこともあり、私はシャーリー・マクレーンの書いた『アウト・オン・ア・リム』（角川書店刊）というスピリチュアルの走りのような本をもらって読んでいました。ほかにも数冊、スピリチュアル系の本を読みました。

〈宇宙の存在って、あるのかな？〉

本を読みながら、色々と考えたこともあります。しかしそんな体験をしたせいで、見えない世界について考えるのを一切やめました。

とにかく、怖いことから距離を置きたいと必死でした。

❋宇宙存在からの大いなるギフト

この体験の3か月後、私は22歳で夫と出会いました。

夫との出会いは、彼がパラグライダーに行く企画を立てたことがきっかけでした。

色々な人に声をかけたようで、私が所属していた事務所のタレントさんも誘われました。彼女は私ではない別の友人を誘っていましたが、その友人が急に参加できなくなり、一人で行くのは嫌だと、急きょ代わりに私が誘われました。

〈パラグライダーでもやれば、気持ちが晴れるかもしれない……〉

その程度の気持ちで、私はその会に参加しました。

ちなみに当日、**捻挫《ねんざ》をした私に親切に氷を持って来てくれたのが、夫と親しくなったきっかけでした**。その後、捻挫に効く鍼《はり》の先生を紹介してくれて徐々に交流が始まり、ほどなくして私たちは本格的に付き合い始めました。

後でわかったことですが、体調が悪くて毎日寝込むことしかできなかった私が夫と出会ったのは、**大いなる存在のギフト**でした。

私がその事実を知ったのはずっと後になってから、アメリカ合衆国アリゾナ州のセドナを訪れた時でした。

最初にセドナに行った2007年。

その頃、私は家庭環境によるトラウマ（心の傷）を抱えている子どもたちの役に立ちたくて、カウンセリングの資格を取って生徒に教えていました。たまたま夫の友人にチャネリング・メッセージを伝えたところ、私の意思に反してスピリチュアル・カウンセリングができるという噂が広まり、迷った末に「私で役に立つのであれば」とセッションを始めたところでした。

しかし当時の私は、セッションでその人の負のエネルギー、あるいはその人が抱える霊を自分が受けてしまい、一人見ただけで翌日一日、寝込むような状態でした。

もうこれは限界だ、やめようと思った時、あるワークショップ（瞑想《めいそう》会）が近所で開かれることを知りました。

〈受けたものを自分で祓《はら》うことができるようになるのではないか？〉

そう願って参加したのですが、そこで1週間後にセドナに行くツアーに誘われたのです。

それまでの私は主婦であり、家族を置いて海外に一人で行くなんてことは考えられません。しかし夫に相談したところ、彼は共通の知り合いと行くのだと勘違いして、「行っておいでよ」と言ったのです。

その声に押されるかのように、私は初めてセドナへと向かいました。

ご存じの方も多いと思いますが、セドナはチャネリングがクリアにできる場所であり、携帯電話やスマートフォンで例えると、電波が４本立っているような場所です。

夜、ベッドで横になっていると、ＵＦＯに乗っているイメージの存在が現れ、突然話しかけて来ました。

「やっと心を開いてくれたね、やっとチャネリングしてくれるようになったね」

そう言われました。

その後、３度目にセドナへ行った２０１０年。

またもや向こうから話しかけて来ました。

その存在にあなたの名前はと尋ねると「バシャール」と名乗りました。

「今のキミは本当に輝いていてくれて嬉しいよ。あの頃のキミはつらそうで

寂しそうだったからね。だからご主人に引き合わせたんだよ」

バシャールはそう言いました。

夫と出会う直前のＵＦＯの夢、その後の神秘体験、すべては彼のギフトだったのです。私はそれを聞き、お風呂の中で号泣しました。心からバシャールに感謝しました。

バシャールはユニークな存在です。

セッションをしている時によく話しかけてきます。笑わせてくれるのですが、これが時にとても困る状況ともなります。

クライアントさんが「主人の浮気で困っています」と真剣な表情で相談している時も、バシャールはこう言います。

「あのさ、チカ、ガツンと言ってやれよ。そんなことで悩む暇があったら自分がやらなければいけないことで悩めって。それをやっていない人生のほうが問題だって。さあ！」

まるで明石家さんまさんのような口調です（笑）。相手の真剣さに反して、私はこれまで何度も噴き出しそうになりました。

❋何かが変化し始めている

話を戻しますが、あの光に包まれた異様な神秘体験から、すぐに体の調子が良くなったわけではありません。

逆に体の状態は悪化したように感じました。

常に体全体がしびれているような、チリチリした感覚を持っており、肉体から離れそうになる魂を意識的に止めなければ、すぐに出て行ってしまうのです。

そして、あまりの体調不良の末に悩んだ私が訪れた大学病院での検査の結果、10センチメートル以上にもなった卵巣嚢腫《のうしゅ》が見つかったのです。両方の卵巣が大きく腫《は》れていたため、1週間以内に摘出しなければ大変なことになると言われました。

他の大学病院でも診察を受けましたが、言われたことは同じで「すぐに摘出しなさい」というものでした。そうなればもちろん、子どもを産むことはできなくなります。

自宅に戻った私はあまりのショックで、心が打ち砕かれそうでした。

夫とは出会ったばかりでしたが、その頃の私は恋愛なんて考えられないくらいに憔悴《しょうすい》し切っていました。外出することさえままならない状態だったのです。

検査結果が1週間後に出ると言われていたある晩、**私は自分の卵巣の上に手を置いてみました。そしてその部分に意識を集中しました。**

それは誰かに教えてもらったわけではなく、ごく自然な行動でした。

卵巣のある部分が温かくなっていくのを感じていると、突然、大きくなっている卵巣が小さくなるイメージが頭に浮かびました。

すると、もの凄いエネルギーが流れ始めたのです。

〈治った……〉

私はそう感じました。

15センチメートルにもなった腫瘍《しゅよう》がエコー検査でもとの大きさに戻っていたのを確認した医師は、首をかしげながら「1週間でこんな変化が起こることはあり得ないんですが」と言い、手術ではなく経過観察をすることになりました。

それからというもの、卵巣が腫れて来たと思ったらもとの大きさに戻すということを続け、特に身体的には問題を抱えるという状態にはならなくなりました。

その頃から、何かが私の中で変化していることに気がつき始めたのです。めまいや体のだるさはありましたが、確実に元気を取り戻している自分がいました。

その流れと重なるように、夫との恋愛が始まり、彼の優しさや愛が私をさらに健康へと導いてくれました。

夫もその頃、仕事が大ヒットし、多忙な毎日を送るようになっていました。

つくづく思います。

きっと半年ずれていたら、夫はたくさんの友人と集まって旅行をするとか、パーティをするといった余裕もなかったでしょう。

その結果、私たちは出会うチャンスがなかったと思います。

私たちは仲の良い友人の関係から始まり、いつから恋愛に変わったのかもわからないほど、とてもシンプルで温かい関係を築き上げていきました。

❋お金に対しても愛を意識する

そんな状況が2年ほど続いた24歳の頃です。

あの妄想、いやイメージトレーニングの成果なのか、私はジョギングできるくらいの健康を取り戻し、事務所との給料制の契約が切れたと同時に徐々に女優としての仕事が入るようにもなり、生活面でもゆとりが出て来ました。

お金に対しても、愛することを意識し始めた時期でした。

「私は良い形でお金を受け取ります。そしてお金を良い形で使います。ありがとうございます、愛しています」

この言葉を何度も繰り返しながら、お金に愛を送りました。

また、ハートの形とお金が降り注がれているイメージを持つことを実行していました。そして「**私は愛、健康、お金、幸せをすべて受け取ります**」と心の中で唱えながらジョギングする毎日でした。

運動する時も、カウントするのを1、2、3、4……、という数字ではなく、苦手な人や私に嫌なことをした人の顔を思い浮かべながら「あ・い・し・て・る」で5カウント、「あ・り・が・と・う」でさらに5カウント、合計10カウント、なんて楽しみながらやっていました。

いくつか読んだ本の中に、お金の悪口を言ってはいけない、お金にも波動があるのだから、悪口を言っていると入って来なくなる、と書いてありました。

確かに周囲の会話に耳を澄ますと、「お金があるから、あそこの夫婦はケンカばかりしている」「お金が問題を起こす」「お金より健康が大切」「お金があるから子どもが非行に走った」などという言葉が聞こえてきます。

悪いことの大半を、お金のせいにしているのです。

私たちはお金を欲しいと思いながら、お金を否定するような言葉を使っていることが多く、お金が入るのがまるで悪いことのように表現してしまいがちです。

私は決めました。

お金を褒《ほ》めることはあっても、けなすことはするまい。

そう心掛けるようになりました。

毎日、暇さえあればイメージトレーニングをおこないました。

ある日、いつものように女優で成功した自分のイメージを作り上げていると、その画面から、急に夫と子どもがいる映像へと切り替わったのです。

「本当は私、彼と家庭を持ちたいと思っているんだ……」

一緒に暮らしている家や雰囲気が、リアルに想像できたのです。

❋妄想だった願いが叶った日

私は父の愛を知らず、母とは笑い合った記憶さえない、そんな環境で育ちました。

そのためか全く結婚願望がなく、将来に対しても冷めていました。母は「結婚だけが人生じゃないから、好きなことをしなさい」といつも口にしていました。

そんな私がずっと持っていた思い込み、つまり「結婚しても幸せにはなれないかも」というトラウマを解放してくれたのが、夫でした。

揺るぎのない軸、深い知性、見せびらかすことのない優しさを持っていたからこそ、私は結婚に対する恐怖を克服することができたのだと思います。

夫以外なら、あの状態の私にはとても結婚なんて考えられませんでした。

出会ってから26年が経った今も、それは変わらず、いや前にも増して家族という絆《きずな》の中で、さらに深い領域で私たちを静かに守り続ける素晴らしい人です。

私たちは自然な形で結婚という絆を結びました。

四人の友人と遊びに行ったニュージーランドの山頂で、彼がいきなり言いました。

「ここで結婚式を挙げよう」

思いつきでもサプライズでもない、静かな時間の流れの中で起きた出来事でした。そしてその山は、偶然にも「エデン」という名前だったのを後で知りました。

夫は「今を生きる」ことの重要性を、よく知っている人でした。

そしてその大切さを、私は結婚という道程で教えられたのです。

〈一体、誰がこんなシナリオを書いているんだろう?〉

本当に不思議でなりませんでした。

来る日も来る日も病気や体調不良と闘いながら、毎日ひたすら「死にたい」という気持ちと隣り合わせで生きていた私。

まさかその2年後に、こんな幸せが待っているとは想像もできませんでした。毎晩、寝る前の妄想で願ったことが、すべて叶ったのです。

だから、あなたに言います。

今がどんな状況でも、絶対にあきらめないでください。

一瞬で、たった一人との出会いで、私たちの人生は変わります。今、どん底の人生だと思っていても、未来に希望を持ってください。

死んでしまったら楽だと思うかもしれませんが、それは誤解です。すべてが終わるのではなく、さらにつらい人生をやり直さなければいけません。

あなた自身はすでにつらいことを経験したのですから、それだけでも、自分は課題をパスしたのだと考えてください。

送りたい人生をイメージすること。お金を愛すること。自分にとって嫌な人に愛と光を送ること。どんなに苦しい経験を与えられた人であっても、その人が闇から解放されるように、その人の幸せを祈ること。少しずつでかまいませんから、まずはこれらを始めてみてください。

きっと日常生活の変化が実感できることでしょう。

❋すべてを母のせいにしている

結婚という扉を開けた私に次の試練としてやって来たのが「子育て」でし

た。

それは自分の想像をはるかに超えた、まさに自分との戦いです。父が不在で母も仕事のために家にいないという環境下で育った私は、子どもたちとどう向き合っていいのかわからなかったのです。

25歳で第一子を産み、27歳で第二子を産み、2歳の長男と2か月の長女を育てるためにほとんど寝られない状態が続き、心から愛したいという気持ちと肉体的な苦痛のバランスがうまく取れないような状態でした。

どんなことがあっても私のような思いをさせたくないという気持ちをよそに、肉体的な不調が続いてイライラしている時に、長男に手を上げている自分がいました。その姿が母と重なり、自分を責める日々でした。

〈このままではダメだ……〉

そう思った私は、子育てのためのワークショップに通いました。

その手法は、**とにかく子どもの言葉に耳を傾け、相手を信じる**というものでした。

ワークショップに通っている時に気がついたことがあります。「私と子ども」という関係性の前に大切なのが「私と母」、つまり自分と親との関係性であるということです。

宇宙は本当に凄いですね。気づきが深まるようにと、課題を与えてくれるのです。

そんなある日、母との間にある問題が起きました。

初めて母を泣かせてしまうほど、私は彼女を責めてしまいました。私の中にあるトラウマとエゴが交錯《こうさく》した瞬間でした。その時に気がついたのです。

〈私は彼女を通して自分を正当化したがっている……〉

自分が母親になり、母親という役割を通して、私という人間がいかにダメな存在かということに気づいたその苦しさすべてを、母のせいにしている……。無意識の中に眠っているエゴが叩き起こされました。

まさにそれこそ、宇宙が与えてくれた無意識レベルからの浄化でした。

5年後、私たち家族はニュージーランドの牧場に移住することになりました。三人目の子どもである次男も生まれたことで、それが新たな旅の始まりとなりました。

当時、夫は仕事を辞める覚悟で、まるで二人の母親がいるかのように家庭を支えてくれました。山のように来ていた仕事のオファーもすべて断り、一度ゼロに戻ることを彼は決心したのです。自分をリセットして、家族と一緒に大自然の中で暮らすことを選択したのです。

「どんな仕事をしてでも、家庭を守る自信があるよ。こっち（ニュージーランド）で大工になってもいいしね。家族と一緒にいることは自分にとって大切だし、何よりも心で仕事をしたい。仕事に対する気持ちを大事にしたいんだ」

当時、そう語った夫を覚えています。

その頃の私はと言えば、男性にとってのその決断の凄さがわからずにいました。

夫はどんなことでも受け入れるという深い愛を持っている人であり、私よりもはるかに意識レベルが高い存在でした。そういう事実さえ、当時の私にはわかりませんでした。

❋移住先で起きたある悲劇

ニュージーランドに移住して3年目を迎えた頃、私たちの生活は一定のリズムを持ちながらも、相変わらずののんびりした時間を過ごしていました。

悲劇が起きたのは、ちょうどその頃でした。

今、こうして思い出そうとしても、涙でパソコン画面が見えなくなります。

当時、私たちは110年前の古い一軒家を改築して住んでいました。趣《おもむき》のある家でしたが、私は住み始めた当初から家のそばにある川になぜか恐怖を感じていました。

その家を購入後、私は夢を見ました。

それは、その家に住むと悲しい出来事があるという意味を示唆した夢でした。でも家族は皆、楽しみにしています。私は川が怖いというイメージを拭《ぬぐ》い去ることができないまま、その家に住み始めました。

すると住み始めた途端、不思議な声が聞こえ始めました。怖い夢を見るのはしょっちゅうで、毎日のように心霊現象が起き、延々と苦しめられました。

さらにその川で誰かが流されるという映像を繰り返し見せられました。

その映像が現実となったのです。

親しくしていた友人の1歳になる娘が、ある日、その川で流されてしまったのです。その一報を聞いた私たちはすぐに川へと向かい、青ざめている友人に状況を聞きました。

警察が必死に捜索しましたが、結局、その女の子は夜になって遺体で発見されるという結末を迎えました。当時、雨が降って川の水かさが増えており、いつもはちょろちょろとした程度の小川が、その日に限って荒れ狂う濁流へと姿を変えていたのです。

その時、夫は仕事のため日本に帰国していました。その仕事は、大半の仕事を断っていた夫がその年に受けた、たった2本のオファーのうちの1本でした。

私は今もその子の両親、そしてその子に、毎日祈りを捧げています。

そしてこの出来事が起きてから、毎日考えました。**生きている私にできること、それは私が持つ「不思議な感覚」を信じることであると。**

21歳で経験した神秘体験以来、私はスピリチュアルと距離を置いていました。

だから変な夢を見るとか、声が聞こえて来ても、現象に興味を持つとか、自分を信じることはしないようにしていたのです。しかしその出来事をきっかけに、私は自分の感覚を信じようと、信じて行動に移そうと決意しました。

現在まで10年近く、私は我が子を事故や病気で亡くした方にたくさんお会いしました。

彼らが根本的に持っている問題から解放し、亡くなったお子さんからのメッセージを伝えることで、涙を流しながら感謝される時、その感謝をあの川で亡くなった私の天使である女の子に、そして彼女の両親に送り届けています。

❋哀しみが爆発した瞬間

その出来事が起きて以来、私はみんなの前ではなるたけ平静を装っていました。

そんなある日のこと。

友人に誘われ、その村にあるたった一つの病院で働いている看護師さんからエネルギーワークを受けることになったのです。

それは世界中で大ヒットした映画『ロード・オブ・ザ・リング』のロケ地にもなった山中にある、古い教会を改築した彼女の自宅でおこなわれました。

簡単に言うと、頭から体内へとエネルギーを通していくワークなのですが、それを受けた途端、私は雷を受けたようになってしまったのです。まるで何かが爆発したみたいに感じて体中が熱くなり、落雷感覚の中、私は絶叫しました。

それは心に長年堆積《たいせき》していた哀しみが爆発した瞬間でした。

一緒にそのワークを受けた友人には何も変化はなく、私の姿に友人と看護師さんは、ただ呆然としていました。

私は大声で泣き叫びました。

落ち着いて意識が戻った時には、私の見る景色はすっかり変わっていました。すべてが神聖なものとして私の瞳に映し出されたのです。この地球の美しさ、尊さを、細胞レベルで感じました。まるで3D映画を観ているようでした。木や花や葉っぱから光が出ていて、キラキラとした粒子が見えるのです。

普通に道を歩いていても、立ち止まって花から飛び出して来る粒子にうっとりと心を奪われました。鳥や動物たちが何を話しているのかが、手に取るようにわかるようになりました。石やクリスタルを触っても話しかけられ、その内容が事実だということがわかる出来事が何度もありました。

この強い感覚は1年ほど続き、もともと敏感体質だった私は、それをきっかけにさらに敏感になってしまいました。

逆に自分にとって悪いものには近寄れなくなりました。例えばファストフードのお店に行くと、入口で体がしびれ、入れないように止められるのです。

それから1年間、私は自分で自分をカウンセリングしました。

自分の過去の映像へとダイビングし、幼い自分（インナーチャイルド）を抱き締め、話しかけて癒しました。母との関係も映像の中でクリアにしました。後に知ったのですが、これはヒプノセラピー（催眠療法、前世療法）という手法でした。

その過程で、私は死にたくなり、気が狂いそうになって、ベッドとお風呂の中で誰にも気づかれないよう、毎日のように泣きました。

それからというもの、あんなに苦しんでいた喘息の発作が全く出なくなったのです。同時に、子どもたちに対してイライラすることがなくなりました。何よりも健康体へと変化し、心身ともに優しさに包まれました。

自分の手を自分のチャクラ（体に7か所あると言われる生命エネルギーが出入りするポイント）に当てるだけで、体がヒーリングされてよみがえるのです。

そんな日々を過ごしていたある晩、夜中に光の存在が現れて、日本に帰るように言われました。

「そんなの無理、彼は仕事を辞めるつもりでこの地に来たんだから。そんなこと言えない……」

そう心で思いながら眠りに落ちた翌朝、娘が突然「日本語を勉強したいから、日本に帰りたい」と言いました。その後、家族みんなで話し合い、じゃあそうしようということになり、私たちは日本に戻ることになりました。

❋私の人生をすべて委ねます

あまりにも不思議な体験をし過ぎた私は、帰国後、ちょっとおかしくなっていました。

光の存在が見え、その声が聞こえるという状況が続いたために、その世界にどっぷりと漬かってしまいました。それほどに凄い体験だったのですが、周りからは間違いなく、どこかおかしく見えていたことでしょう。

夜中にもの凄いエネルギーが体に入り込み、夫に助けを求めたこともあります。

「病院に行ったほうがいいかもしれない」

それが、私の口からやっと出て来た言葉でした。

夫はそんな私を心配して、スピリチュアルなことから私を引き離そうとしました。

私自身も家庭を壊したくないという思いから「もうスピリチュアルには触れない」と強く思いました。しかしそう決心した翌日、私は以前の最悪な体調へと戻ってしまい、起き上がるのもつらい状態になったのです。

やっとの思いで這《は》い上がり、空を見上げながら、私は言いました。

「もう、私の人生をすべて委《ゆだ》ねます。好きにしてください。何の抵抗もしま

せん」

こんな体では生きていけない、あのつらい日々を再び過ごすのであれば、いっそ死んだほうがまし。……それは必死の覚悟でした。

すると翌日、体の痛みや不快な状態がまるで嘘のように良くなっていました。

見えない存在を信じる、信じないというレベルの問題でなく、私にはもう信じるしか生きる術《すべ》が残されていなかったのです。

そう感じた私は、あえてカウンセラーの資格を取りました。心理分析的なことが大好きだったことに加えて、夫に認めてもらいたいという思いから科学的に証明できるものがいいと考えた私は資格を取り、しばらくして通信課程の生徒に教え始めるようになりました。

これは今でも役に立っています。科学的にアプローチするという能力が同時に備わり、常に冷静でいる自分が存在するからです。

そして最も大きな事実、つまり**スピリチュアルも科学も、最終的に行き着く場所は同じ**だという事実に気がつきました。

筑波大学のある教授による心理的な解放手法に参加した時もそう感じました。

参加されている方がほとんど医師という中、私はこんな質問をしたのです。

「遠隔でエネルギーを送れますか？」

その教授は明確に「はい」と答えてくれたのです。

要はファクスと同じ原理であり、今ここにある原子を飛ばしたらアメリカまで届くということが、科学的に証明されているとのこと。エネルギーも飛ばすことが可能だという事実は、NASA（米航空宇宙局）でも証明されていると話してくれました。

その言葉を聞いた私は、急に気持ちが楽になりました。

それまではスピリチュアルに不安や恐怖心を持っていたのです。

カウンセラーに入り込んだ霊体

カウンセラーの資格とか、大学教授の言葉とか、一時的な安心要素もありましたが、私の中ではやっぱり、変わった能力に対する否定的な思いがくすぶぶっていました。

できればこんな能力、ある日突然なくなってしまえばいい。

そんな能力なんてなくても、笑いの絶えない家庭があればそれでいい。

毎日、純粋にそう思っていました。

私は普通に暮らしたかったのです。

世間のみんなと同じように、普通に何もなく生活したかった。霊を見ることなくホテルに泊まれる、普通に元気な体になりたかった。

でもそんなささやかな願いでさえ、みごとに打ち砕かれました。

資格を取得したカウンセラーの会合に参加した際、私はそこに集まっているほとんどのカウンセラーの中に霊的な存在が入り込んでいるのを見てしまったのです。

その光景に呆然としました。

〈プロテクション（防御・保護）するための方法を、学ばなきゃいけない〉

色々考えた末、私はワークショップに通うことを決心しました。その結果、皮肉にも私の能力はグングン伸びていきました。

ワークショップでは「見る」訓練をします。

講師は「こういうものが見えるとイメージしてください」と指導するのですが、私にとってそれらは普通に見えていたものなので、逆に自分に対する自信となりました。

私が自分で勝手に作り出していると思い込んでいたイメージは真実だったのだと、自分の能力を信じることができるようになったのです。

同時に、あれほど「なくなって欲しい」「消えて欲しい」と嫌っていた、見えないものが見える力や聞こえる力を出すことで、その場所では優等生になれます。

周囲から気味が悪いと敬遠されていた能力を、逆に「うらやましい」と言ってくれる人がたくさんいるのです。何よりも嬉しかったのは、普通に見えることやエネルギーのことを話せる人が大勢いることでした。

宇宙人や天使の話でさえ、みんなでワイワイ楽しく話すことができるのです。

私はのめり込みました。

❋初めての個人セッション

ちょうどその頃、私に自分の運勢を見て欲しいという連絡が次々とやって来ました。

私自身はヒーラーになるつもりもなければ、スピリチュアル世界で活動するつもりもありませんでしたが、そんな意思とは裏腹に、依頼は次々とやって来ます。

そのきっかけは、夫が仕事を通じて知り合った、ある夫婦との出会いでした。

私が夫を含めた交流中に知ったのは、そのご夫婦の奥様方のお母様が脳梗《こう》塞《そく》で倒れて、長い間、かすかな意識しかない状態という話でした。

その交流からしばらく経ったある晩、私がウトウトしていると、福岡の病院に入院しているお母様からのメッセージが聞こえて来たのです。メッセージは、お母様が娘に宛《あ》てたごく普通の内容でしたが、そこで受け取ったエネルギーに「これはすぐに伝えないといけない」という緊急性を感じました。

〈うーん、頭がおかしいと思われるかな？〉

迷いましたが、思い切ってそのメッセージを奥様に伝えると、彼女は携帯電話の向こうで号泣しました。**それは彼女にしかわからない、お母様からのメッセージでした。**

後でわかったのですが、当時の彼女は心に大きな闇を抱えており、この世を去りたいとさえ思っていたそうです。どうしようもない状態でした。

その件があってからしばらく後、ご夫婦から連絡があり、二人一緒のセッションをして欲しいという依頼を受けました。

その頃の私はと言えば、カウンセラー専門学校の通信課程で生徒の答えにアドバイスする業務を担当しており、自分自身が本格的にスピリチュアルな活動を始めることなど、全く考えていませんでした。

ですので「何もできませんので」と、お二人に丁重にお断りしました。

それでも真剣な表情で何度もお願いする姿を見て「何で私なんかに……、何もできないのに」と戸惑いました。そして散々考えた末、「私にできることがあるのなら」と、個人セッションを始めたのです。その後、彼女からの紹介で（私の意思とは逆に）人づてに広まりました。

身も心もボロボロの状態で、何度も死にたいと口にしていた彼女。

そんな状況だった彼女ですが、今は仕事で大活躍中です。9年前の状態を知っている私にとって、それは何よりのギフトでした。

❋ スピリチュアルとは何か？

その日、私はいつものように朝から五人のセッションをおこなっていました。

そして偶然にもその方々へのメッセージは、すべて同じ内容でした。

「ご主人に自分の気持ちを話しなさい。それから、あなたの本当の人生が始まる」

それは私に対するメッセージだということも、わかっていました。

五人目でやはり同じメッセージが降りて来た瞬間、「もうわかりました」と存在に告げました。私は苦しみの感情が消え、宇宙存在のギフトを心から受け入れようと思いました。

そしてもう、宇宙存在の巧《たく》みな計画に笑いしか出ない状態となっていました。セッションが終わると同時に、私は夫の部屋へと駆けつけました。

そして私はそれまで悶々《もんもん》としていた自分の気持ちを、夫にすべて告げました。

「私はスピリチュアルに関わらなくてもいいし、セッションをやめることもできる。でもこの体質はずっと変わらない。ずっと声が聞こえて、色々と見えて、相手の悩みがわかってしまう。この体質そのものを、あなたが受け入れられないのであれば、私みたいな能力がない、ごく普通の人と再婚したほうがいい。そうすれば誰からも非難も揶揄《やゆ》もされないし、怪しい家族なんて陰口を叩かれない。私は、この体質を捨てようと思っても捨てられない。だったら迷惑にならないように、別れたほうがいい」

夫へのその発言から1年以上もの間、私たち夫婦は気まずい状態が続きました。

〈このまま離婚するのだろうか……〉

焦《あせ》り、悲しみ、不安、あきらめ……。毎日、様々な負の感情が、私の心を支配しました。

しかし私はこの時、まだ気づいていませんでした。

私は完全に、夫が私の能力を一方的に嫌っているのだと思っていました。

でも、そうではなかったのです。

私自身が私の能力を嫌っていたのです。

私自身が私の能力を気持ち悪いと思っていたのと同時に、ヒーラーにはなりたくないと感じていたのです。だから「誰かに止めてもらいたい」と思っていたのです。

全部、私自身の「思い込み」でした。

ある時、それに気づいた私は自分を浄化することで、自分の中に染《し》みついていた「スピリチュアルに対する偏見」を消しました。

自分が生来持っている能力を表に出すことを、自分に許可したのです。

その時に気がついたこと。
それは「スピリチュアルとは何か？」ということです。
スピリチュアルであること。
それは見えないものが見えたり、聞こえたりすることではありません。
宇宙存在と交信することではありません。
ヒーリング能力を他人に行使することではありません。
瞑想《めいそう》をすることではありません。
修行をおこなうことではありません。
高次元や宇宙意識に関してどれだけ語れるかということではありません。
お祈りや読経をすることではありません。

スピリチュアルであること。

それは、**周囲に惑わされることなく、強い精神力で愛ある行動を取り、どんな状況でも自分を信じて他人に愛を送れること。**

名誉や欲に固執することなく、他人の幸せを一緒に喜べること。

これが本当の意味でのスピリチュアルです。

それを教えてくれたのは、夫でした。

❋すべての答えは自分の中にある

私が青山のセッションルームで、朝から夜中まで毎日休みなく働いていた2年間、夫は何一つ文句を言わず、自分の仕事と家事を両立させながら、三人の子どもたちの面倒まで引き受けてくれました。

私が進化していく姿を、ただ黙って見守ってくれたのです。普通の精神力では、ここまでの行動は取れなかったでしょう。

そしてある日、夫が私に言いました。

「千佳のすべてを受け入れるよ」

一緒に住んでいる家族が透視や様々な能力があると考えると、かなり落ち着かないはずです。正直、怖いと思います。それが普通です。

誤解のないように説明しますが、私は普段、自分の能力をオフにしています。

それがマナーだと思っているからです。

過去に、2週間で100人近いクライアントさんのセッションをさせていただいた時は、さすがにその後、外出すると歩いている人の中に入り込んでいる存在や霊が、見たくなくても見えたことがあります。

でもそんな例外を除くと、他人をこっそりチャネリングしたりしません。ただし、自然に降りて来た時だけ、それを相手に伝えるようにしています。それは宇宙存在や亡くなった方が、本人に伝えたいと希望している状況だからです。


私のすべてを受け入れると言ってくれた夫こそ、本当にスピリチュアルな意識を持った存在だと感じています。

自分のパートナーをここで褒めるのはどうかと、読者の皆さんに思われるかもしれませんが、多くの人のことを純粋に思いやる気持ちを持った慈悲《じひ》深い人であり、私は心から尊敬しています。

同時に、私はこれまで苦しめられた人、嫌な思いをさせられた人にも感謝しています。

この能力を自由に使えるようになったのは、嫌な存在や闇にさえ愛と光を送り、その存在がもとの愛ある存在へと戻るように祈ることを始めたからです。

もはやプロテクションは必要ありません。

愛と光は、どんなに強いネガティブなエネルギーも素晴らしい愛の波動へと変えてくれるのです。**自分が自由になりたければ、自分の心を愛で満たして、周囲の人の自由を祈るだけ。**たったそれだけです。

場の浄化も必要ありません。

自分が愛と光で満たされた言葉、「**愛してます**」「**ありがとう**」「**感謝します**」こうした言葉を口にするだけで、どんな場も神聖な領域へと変化します。

忘れないでください。

すべての答えは、自分の中にあります。

私がそうだったように、あなたも全く同じです。

次章からは、私たちに長年染みついた「思い込み」を手放す考え方や手法を、できるだけ綴りたいと思います。

第二章

しがらみを手放すルール

あなたを苦しめる「しがらみ」とはなんでしょう

私たちの人生はマインドブロック、つまり「しがらみ」で左右されます。家族、友人、職場、恋愛……。様々な局面において人間関係に大きく影響するのがしがらみという存在です。しがらみは大なり小なりどんな人にもあります。普段はたいして気にならないものでも、ひょんなきっかけでしがらみが表に出ます。

子どもの受験をめぐる夫婦間の口論、酒席における同僚や上司・部下との仕事観の相違、介護や看護に関する親子間の揉《も》めごと、日常生活をめぐるパートナーとのいざこざ。挙げるときりがありません。

このような私たちが持つ「執着」こそ、しがらみの正体です。

そもそもしがらみは、その人が生まれ育った環境に影響されて成長することが多いのですが、実は私たちが皆、「今回の人生はこんな人生を送ることで自分を成長させよう」というシナリオを立てて、この世に転生していることも関係しています。

「前世では人間関係でひどい目に遭ったから、今世はあまり人と付き合わないようにしよう」

「パートナーがいると自分の役割が達成できないから、今世は一人で生きよう」

「大変なこと、大変な状況をたくさん引き寄せて、自分を早く成長させよう」

「他人の気持ちを理解したいから、なるべく多くの悲しみを体験しよう」

シナリオそのものに良し悪しはなく、そこには様々なテーマ（人生の課題）があります。私たちはテーマに合った肉体や環境を選ぶというわけです。

人生で解決・解消したいテーマがしがらみに含まれているわけですが、私たちが先祖から代々受け継いで来た遺伝子（ＤＮＡ）も、その原因となっていることがあります。

男性性の優位と女性性への蔑視、仕事観、国家観、恋愛観、友人観。一部ですが、こうしたわかりやすいしがらみは、私たちが育った環境から受けた要素以外に、遺伝子として継承しているものもあるのです。

だからと言って、自分が持つしがらみをいきなり全否定しないでください。

思わず自分を責めたくなるような行動パターン、あるいは考え方があったとしても、絶対に自分を責めないでください。あなたがとった行動や考え方の根底には、それを生み出したきっかけ、そこに至った膨大な時間の流れなど、多くの周辺要素があります。

まずはその事実に気づいてください。あなたがその事実に気づくと、他人に対しても世の中に対しても、不思議なほど不満が減ります。**他人に何かを求めることもなくなり、周りを責める必要もないことに気づきます**。そもそも相手を変えようとすること自体が間違いであり、自分が変わることが成長のために一番早いということに気づきます。

さらにそれに気づくと、あなたの周囲を徘徊《はいかい》するネガティブなエネルギーに左右されなくなります。私もその事実に気づいて以来、周囲に左右されることがなくなりました。

とにかく自分を責めないでください。責めれば責めるほど、あなた自身の成長を足踏みさせることになります。

いいこと
メモ

誰も責める必要がないのだと気づいた瞬間、自分自身の成長が一気に加速します。

Rule 02

問題はあなたの内側から発生しています

今、色々な問題・トラブルで悩んでいると思います。

あなたが抱えているその問題、実は**そのすべてがあなたの中から生まれている**ことに気づいているでしょうか？　ひょっとしたら、あなたが見舞われている問題がどこか外から勝手にやって来たと感じてはいませんか？

その問題に対してあなたが破壊的・暴力的な意識を持てば、あなたの日常生活が色々と破壊され始めます。これをミラーリング（鏡効果）と呼びます。

自分の中で自分を責める癖があれば、日常生活で誰かに責められるし、自分の中で自分を許せないままでいれば、誰かにひどい言葉を投げつけられることでしょう。

その考え方があなた自身を犠牲にしている、あるいは苦しめる行為なら、そこには「いたわり」が存在しません。いたわりは愛であり、いたわりがないということは自分を愛していないということです。

忘れないでください。

自分を犠牲にするということは、**「自分が犠牲になるための役割を誰かにやらせる」**ということ。つまり、そのつらい役を誰かが演じなければなりません。

夫（妻）は私の気持ちをわかってくれないという感情があります。

その言葉をあなたのハートで感じてください。その奥にある気持ちを探ってみてください。もしかしたら何かずっと昔の光景が見えるかもしれません。あるいは何らかの言葉が浮かぶかもしれません。

「誰も信じられない。だから私は誰にも自分の気持ちを聞いてもらいたくない」

そんなセリフが聞こえるかもしれません。

さらにあなた自身のハートの奥を探ると「裏切られるのが怖い。だから問題があっても一人ですべて解決する」そんな言葉があったとしたら、どうでしょうか?

そうです。あなたが抱える問題は、パートナーや同僚や家族や友人が、好き勝手にあなたにもたらしたものではないのです。「誰も自分の気持ちなんてわかりっこない。だから誰にも聞いてもらいたくない」というあなた自身が作ったものであり、周囲の人々はそれをもとに動いているだけなのです。

それが理解できたとしても、やっぱり不安ですよね。そこでストレスやイライラが溜まっている時のセルフヒーリング法があります。あくまでも私の方法です。

まず温かいお湯に浸かりながら、自分の中にある不平不満を言葉にして出します。気になることをイメージしたら、その感情や言葉がどこから発生したのかを探ります。

体のどこかが痛むとか、発生源の背景に淀《よど》んだ色が見えるような感じがしたら、その部分にイメージとして明るい光を当てましょう。まるで痛みや傷が癒されるように、その部分の色が無色透明になって光り輝くようなイメージングをおこなってください。

イメージの強さは圧倒的です。

私たちは自由な想像から無限の創造ができます。

あなたがポジティブな想像世界の住人になることができれば、あの問題をどうしようとか、自分はどうなるのだろうといった、無用な不安に縛《しば》られることはなくなります。いちいち心配することはないのです。

いいこと
メモ

日常生活はそのすべてがミラーリング。

周囲はあなたの感情をもとに動きます。

Rule 03

親子のしがらみ
～どんな時でも、子どもを信じてください

子育てに関して、どうしてもお伝えしておきたいことがあります。

それは、子どもは心から親を愛し続けるということです。同時にその愛こそ、親に反抗する原因となったり、親を受け入れない状況を作ったりします。

親を傷つけたくないという深い愛から、自分が誰かにいじめられたこと、暴力を受けたことを子どもは隠そうとします。そのために「親との距離」を取ろうとするのです。

なぜなら親と仲良くなることで、その事実を口にしてしまいそうな自分が怖いのです。親の幸せを壊したくないのです。しかし親はそんなことに気が

つきませんから、自分の子どもを単に親の言うことを聞かない問題児だと思い込みます。

すべてのことには原因があり、さらにその原因が作られた要因と時間の流れがあります。だから**どんな時でも、あなたは子どもを信じてください。**どんなに嫌な態度を取られたとしても、ムカつく言葉を吐かれたとしても、子どもを心から愛すると決めてください。

例えば、子どもが万引きをしたとします。

その行為は事実として受け入れる必要がありますが、あなた自身は子どもを信じてください。信じる親は子どもに対して不安になりません。だから子どもがなぜ万引きをしたのかを冷静に聞くことができます。その結果、子どもが内面に抱えている本当の問題が浮き彫りになり、その問題に対して解決を見出すことができます。

子どもを信じることができなければ、力一杯叩く、もしくは殴るでしょう。同じ過ちを繰り返さないだろうかと不安になり、何度も子どものバッグや携帯や部屋をチェックするでしょう。子どもの行く先をつけて、逐一その行動をチェックするかもしれません。

その結果、子どもは親に対して信頼を持てなくなります。

決して子どもを変えようとしないでください。

しんどいかもしれませんが、そういう時はじっと待つことが大切です。万引きに限りません。急増する不登校の子どもについても同じことが言えます。大切なのは学校に行かなければならないことではなく、親子の対話です。

それと同時に大切なことがあります。

心が愛で満たされている状態を提供できる親になれるよう、まずはあなた自身を解放してあげてください。子どものことが心配であれば、まず自分自身の解放が必要です。

あなた自身のハートに愛と光を持ち続けてください。

その光にお願いしてください。

「私が持っている子どもへのすべての不安や猜疑心を手放します」

「私が子どもと共有するネガティブな感情とトラウマを解放します」

毎日、これを繰り返してください。

他人を変えることはできませんが、自分をクリアにする、自分の意識を変えることで結果的に相手が変わります。子どもとの対話がいかに素晴らしい体験かを知ってください。

いいこと
メモ

親を傷つけたくないという深い愛から、
子どもは親との距離を取ろうとします。

Rule 04

恋人とのしがらみ
〜パートナーはあなた自身を映し出す鏡です

私たちはセックスによってエネルギー交換をします。

そのエネルギーはとても強く、セックスという行為では相手のエネルギーを吸収するだけでなく、実は自分のエネルギーも吸収されます。これがエネルギー交換です。様々な情報の交換もするだけに、セックスをする相手には十分気をつける必要があります。

色々な相手とセックスをする人の体には、計り知れないほどのマイナス・エネルギーが入り込みます。その結果、私生活がボロボロになる、仕事面で下降する、人間関係で揉める、いきなり具合が悪くなり病気になるなど、負のエネルギーが作用します。

セックスを含めた恋愛関係というのは、100人いれば100通りありますから、その中身に私があれこれと指導する権利はありません。

それでも私が一つだけ言えること、それは「**パートナーはあなた自身の映し鏡**」という事実です、色々揉めている方がこの言葉を聞くと、そんなバカな、あの人が自分の鏡であるはずがないと否定すると思いますが、残念ながら事実です。

一見、最悪だと思われるパートナーこそ、実は大切なメッセンジャーなのです。そのパートナーは、あなたがこれまでの人生で積み上げて来た不要な価値観や思い込みを、すべて解放するための「手がかり」になる人です。

恋愛の先には結婚があり、その先には離婚という選択肢もあります。結婚と同様に離婚も人間が作った制度ですから、それを利用するかしないかは最終的には本人が決めればいいことです。

離婚は一つの旅の終了です。その旅路が素晴らしいものになるか、ムダなものになるかは、その後のあなた自身の意識次第というわけです。

結婚生活では、あなたの中にある「パートナーシップの問題」が浮き彫りにされます。私たちは聖人君子ではないので、それぞれが大なり小なりの対人問題を抱えます。その問題を解決するために、結婚や離婚があると考えてください。

そこで大切なのは、相手の幸せを願うことです。**まずは自分の幸せよりも、むしろ相手の幸せを願ってください。**ちょっと意外でしたか?

その人との結婚生活がどうだったにせよ、相手があなたに何をしたとしても、それはあなたが手放さなければならない「癖（執着）」をわからせてくれるために、相手が演じてくれたのだと考えてください。その意味でパートナーはあなた自身の映し鏡なのです。

複雑な感情があると思いますが、その「役」を演じてくれたパートナーに愛と光を送ってください。幸せになりますようにと祈ってください。祈りはねじれた愛の形を矯正《きょうせい》してくれます。恨みごとや悪口を言わないでください。あなたがそこで相手にマイナスのエネルギーを送ると、あなたが学び直さなければならないことが、違うパートナーとの次の旅で繰り返されてしまいます。

離婚を考えている方にお尋ねします。

あなたは自分の気持ちを相手に素直に伝えることができましたか？　揉めたくないからと、自分の気持ちを言わずに頭の中だけで相手に対して怒っていませんか？　感情むき出しで怒っていた相手を、あなた自身が一方的に責めていませんか？

気持ちを素直に伝えてみてください。パートナーはあなた自身の鏡です。素直に伝えることができなければ、次の恋愛や結婚でも同じことを繰り返します。

いいこと
メモ

一見、最悪だと思われるパートナーこそ、実は大切なメッセンジャーなのです。

Rule 05

隣人とのしがらみ
～許せない気持ちを捨てましょう

毎日、特に感情の起伏もなく普通に生活しているように見えて、私たちはどこかで怒りを抱えています。怒りが小さいうちなら、すぐに静めることが可能です。しかし知らず知らずのうちに怒りが積み重なっていると、ある瞬間、自分でも驚くほどの負のエネルギーが放出されます。これが「許せない」という感情の誕生です。

隣の住人が許せない、ママ友が許せない、同僚・上司が許せない、親が許せない、子どもが許せない、友人が許せない、メディアが許せない、取引先が許せない、政治家や芸能人が許せない、パートナーが許せない、世の中が許せない……。怒りは収まりどころを見つけられないまま、どんどん膨らみます。

あなたが誰かを許せない状況であるとするなら、あなたの中ではとても激しい戦争がおこなわれている状態です。

その戦争はあなたの自由さえも阻害します。

あなた自身が許せないという負のエネルギーを放出しているために、あなたの周りに集まるのは同じように負のエネルギーを身にまとった人たちです。怒りはさらなる怒りを呼びます。

あなたが誰かを許せない気持ちを持っていると、あなたに対して許せない気持ちを持つ人が登場します。悪い感情ほど伝染速度は速いもの。プラスもマイナスもすべてのエネルギーは大気に乗って世界中をグルグルと循環します。代々続くようないざこざも、許せないというエネルギーが時間と空間を超えて循環した結果です。

あなたが許さない限り、あなたが終止符を打たない限り、いざこざは永遠に続きます。

たとえあなた自身がどんな嫌なことをされたとしても、どんな目に遭ったとしても、それは歴史や環境という流れの中で起きる原因や要素があったわけです。起こるべくして起きたと言い換えることもできます。

まず目を閉じ、あなた自身が持つ許せない気持ちに集中してください。

それは自分に何を伝えようとしているのか、自分は何を受け取る必要があるのか。つらいかもしれませんが、その出来事をじっくりと感じてみてください。

その時、自分にはどんな感情があったのか、何が自分にとって弱い部分なのかが、はっきりとわかるでしょう。

そして感情を感じることが終わったら、相手を許せないという想像世界から出てください。淀んだ空間から出るために、許せない相手のために祈ってください。**その人がもとの美しい存在になれるよう、その人の中にある光が輝きを取り戻すよう、あなた自身が心の中で願ってください。**

まるで童話やアニメのように、凶悪な怪物や魔女に変えられた存在でさえ、あなたの祈りの行動でもとの姿に戻ることができます。

「もし自分がどこかの時代であなたに何かをしたのなら、ごめんなさい」

そう口にしてみてください。どうして私が、と悔しい気持ちを感じたとしても、泣きながらでもかまいません、祈りを続けてください、**するとあなたは信じられないほどの幸せを、のちに受け取ることになります。**私がここで書いていることがにわかには信じられないと思いますが、世の中におけるエネルギーの循環というのはそういうものです。

結果として、あなた自身から誰かを許せないという気持ちも消えてしまいます。

いいこと
メモ

淀んだ空間から出るために必要なのは、相手のために心の中で祈ることです。

Rule 06

相手に対する不満は自分に対する不満です

類は友を呼ぶと言われます。

先述したミラーリングに照らすと、その言葉は真理だと思います。

「誰かが私の悪口を言っている」

「あの人が私に対して嫌な態度をとった」

「パートナーが積極的に話しかけてくれない」

人は大なり小なり、こうした疑念が心に浮かぶ瞬間があります。

仮にそうだとしても、よく考えてみてください。あなたの人生において、そこにあなた自身のエネルギーを注ぎ込む重要性が果たしてどのくらいありますか？

悪口は言わせておけばいいのです。**負のエネルギーはブーメランのように、ある日その人へと返って来ます。**その態度は本当に嫌な態度でしたか？　人の心は毎日コロコロ変わるものであり、昨日と今日では態度も違って当然です。あなた自身はパートナーに積極的でしょうか？　自分はそう言えるだけのことをやっていますか？

再度、よく考えてみてください。

これらは皆、実はあなた自身への不満ではありませんか？

あなた自身が「できていない自分」に対してイライラしているから、それを周囲のせいにしているのではありませんか？　誰かの陰口を口にし、嫌な態度をとり、自分からは積極的に話しかけない、そんな自分がどこかにいませんか？

忘れないでください、

そんなあなたが引き寄せる類友こそ、あなたが疑念を寄せる相手です。

そしてなぜ、自分をできていないと感じるのかと言うと、それはあなた自身が外部評価の奴隷となっているからです。

考えてみてください。

本来、私たちの視点は自由自在なはずです。

交際中の相手とのデート、目の前に広がる雄大な風景、気心が知れた仲間との飲み会やパーティ、家族との久しぶりの団欒《だんらん》。そういう楽しいはずの時間でさえ、誰かが発したどうでもいいひと言で気分を害することがありますが、それはあなた自身の視点がネガティブ・ポジションをとっている証拠です。

逆に視点がポジティブであれば、誰が何と言おうと関心を寄せません。

そもそも周囲の言動や評価なんてどうでもいいと感じることができれば、起きた出来事にあなた自身がいちいち影響されなければ、どんな状況でもあなたは楽しく過ごせます。すると誰かに対して、あなたが不満を持つこともなくなります。

周囲の言動や評価が気になってしかたがないから、「あの人は無神経」とか「こちらの気持ちも考えてくれればいいのに」などと、相手に対して勝手に不満や怒りを持ち、自分自身が疲れてストレスがどんどん溜まるのです。

誰かに左右されるのは、そろそろ終わりにしましょう。

左右されるということは、相手の感情があなたの中に入り込んでしまった状態です。あなた自身が誰かの感情に支配されている状態ですから、その状況であなたは自分が思い描いている人生を歩む余地がありません。常に支配している人の言動に振り回されます。

不満ではなく、相手の長所を探してみましょう。どんな人にも、必ずいいところがあります。あなたが長所を探していると、周りもあなたの長所を探そうとしますよ。

いいこと
メモ

誰かに左右されるのは終わりにしましょう。
ストレスが消え、自由になれます。

Rule 07

しがらみを手放すチャンスは声を上げて泣くことで訪れます

私たちが出会う人は、過去世からの長い旅路で何らかのつながりがあります。

その中で、私たちは常に進化するために関係性を持っています。**どんな人でも、必ず学びがあります。**これまでにあなたが出会った人は、お互いの進化を高めるためにその役を演じているのです。

仮にその相手のとった行動が受け入れ難いものだったとしても、それはあなたが手放さなければならない感情や行動を相手が「煽《あお》っているのだ」と考えてください。

あなたが失恋で心を痛めているとします。

涙があふれ、悔しさと虚《むな》しさが入り混じった複雑な気持ちだと思いますが、それは「愛する人を失いたくない」という感情を解放するチャンスかもしれません。

失恋をして、どんな感情を持っていますか？

誰も信じられないという感情を持っているのであれば、「誰も信じられないというしがらみを手放します」と宣言してみてください。あなたが感じる悲しみ、怒りをすべて解放しましょう。

いい機会ですから、素直に声を上げて泣いてください。自宅では気が引けると言うのならカラオケボックスがお勧めです。人気《ひとけ》のない大自然でもいいでしょう。

泣いてはいけないと言う人もいますが、私はそうは思いません。涙や叫びは魂の叫びです。深いレベルにある魂の痛みを解放する、まさに絶好のチャンスなのです。

解放する過程で、あなたは親との問題にぶつかるかもしれません。

親子は一番近い身内であるだけに何かと事情を抱える関係です。感情面での行き違いなど、実に複雑な問題をはらみます。幼い時に自分を置いて出て行ってしまったという経験を持つ人もいるでしょう。かつて私自身がそうでした。

「愛する人は必ず自分を置いてきぼりにする。だから私の愛が深くなったら別れなければならない」

こうした信念、つまり思い込みが自分に刻まれていたりするのです。

あなたは今の状態のあなたを、愛せますか？

本書を読む手を休めて、ちょっと問いかけてください。愛せない、満足できないという言葉があなたの内側から出て来たら、そんなあなた自身を思いきって手放しませんか？

定期的に物を捨てる、部屋を浄化するというリセット法は、メディアで話題になりましたので、あなた自身が大なり小なり取り入れているでしょう。

それと同じことです。

楽しくない、つまらないと感じることを、すべて手放してみるわけです。

恋愛で悩んでいるのなら、自分の中で決断することが大事です。何らかの決断をすると自分の本当の気持ちがわかるような出来事が起き始めます。自分にとって一番大切な人やその環境が判明するわけです。

好きな人の前では本来の自分を出せず、気を遣ってしまうという人がいます。

友だちの関係だと楽しくて自分を自然と出せるのに、相手への愛が深まれば深まるほど気を遣い逆にギクシャクしてしまうこと、あなたにも経験がありませんか？

これは「真剣に愛してしまうと、嫌われることが不安で自分らしさが出せない」という信念が、魂レベルでインプットされているからです。

愛をうまく伝えようとしても、どう表現していいかわからないという人もいます。相手を愛しているのに、それを十分に表現できないまま、二人の関係に終止符を打ってしまう人もいるでしょう。

ただし、その状況でも決して自分を責めないでください。

先述したように、私たちが持つしがらみはひと言で説明できないほど、複雑な要素で構成されています。別れてしまった相手とは、付き合っていた時間を学びとして共有しました。**学びは二つとして同じものがありません。**一緒に過ごした時間は戻りませんが、そこで得た経験はあなたにとって最高の財産です。それを忘れないでください。

あなた自身を癒すための簡単なセルフヒーリング法があります。この方法は、どんな恋愛の問題に関しても使えますので、覚えておくといいと思います。

目を閉じてください。そして1本の「ひも」をイメージしましょう。どんなひもがイメージされましたか？　真っすぐ1本ですか？　結び目があるひもがイメージされたなら、その結び目をほどいてください。2本、または数本のひもがからまっていれば、ほどく作業をしてください。からみがなくなり、複数のひもが真っすぐになったら、そのひもがスーッと消えていくさまをイメージしてください。最終的には**1本の真っすぐなひもだけが残る状態**にしてください。実はそのひも、あなた自身のパートナーシップ問題を象徴しています。

今度は**そのひもが巻物のように広がり、1枚のキャンバスへと大きく変化**

するイメージをしてください。そしてその広大なキャンバスで、あなたがパートナーと幸せな時間を過ごしているイメージを持ってください。

もし特定の人が出て来たとしても、それを受け入れ、自由に愛を語り合い、幸せを感じ合っている姿をイメージしてください。

いいこと
メモ

付き合った時間は二度と戻らないけれど、
そこで得た学びはあなたの貴重な財産です。

Rule 08

自由になるためには まず自分を愛することです

修行という言葉に、どんなイメージを持ちますか?

無理やり頑張らせるような行為、断食とか座禅、流れ落ちる滝に打たれる、お寺での読経。何だか楽しむというより「自分を成長させるために試練を与える」というイメージに近い感じがしますよね。

そういうことに熱心な方は、必要以上に自分を頑張らせます。怠けちゃいけないと自分に無理をさせ、頑張っていない自分を責めてしまう。そんなこんなで心身がボロボロになっている方が多いのです。

特に芸能界で頑張っている方に多い傾向でもあります。芸能界という世界自体、まるで修行僧の集まりみたいな要素が否めません。上からの圧力や激しい競争社会において、どれだけ強くたくましくその試練を乗り越えるか、そんな世界です。

芸能界はほんの一例です。ビジネスの世界はどこも熾烈《しれつ》です。まるで仕事自体が修行のようであり、仕事を離れても修行イメージを刷り込まれた生活をしてしまいます。

でも、ちょっと考えてみてください。

ここで挙げたようなイメージの中に、愛はありますか？　自分に対する愛情、というか自分に向かって来る愛のエネルギーを感じることが、私にはできません。

私たちは生まれながらにして自由に生きる権利があります。法律とか制度上のことではありません。皆、生まれながらにして自由です。なぜなら、私たちが楽しんで生きることこそ、私たち自身がこの世界に転生して来た最大の理由だからです。

過去の歴史において修行をすることが必要だった時代もありました。そういう時代を経て、私たちは特に修行を必要としない新しい時代に入ったのです。

そんな新しい時代を生きるあなたに、必要なことがあります。

それは「**気づいても反省しないこと**」。

ちょっとびっくりされましたか？

気づくことは進化を促しますが、逆に反省することで退化を促します。

だから気づいていても反省しないことで、あなた自身を無理に頑張らせることなく大切にすることへとつながるのです。

かつて私は某寺の住職さんの個人セッションをした際、彼自身の中に巣食っていた「もっと修行を」という思い込みを解放しました。また別の個人セッションで「自分を徹底的に見つめる」という思い込みを解放しました。

自分を知ることは大切です。しかし自分を批判するとか、あるいは「何が悪かった」と勝手にジャッジする必要はありません。**他人を批判することに意味がないのと同様、自分を批判することにも意味はありません**。それが理解できると、あなた自身の意識レベルが急上昇を始めます。

そうは言うものの、以前の私は反省ばかりでした。

入浴時や就寝前に、「どうしてあんなことを言ったのか?」「何が悪かったのか?」「どこがダメなのか?」と考え込み、毎日が反省会でした。
そんな気持ちでいると、とても暗い顔になります。自分を責めるばかりなので、自分のことが嫌いになるし、自分の悪い点しか見えません、悪い点しか見えませんから、自分が本来、どんなものからも自由であるということなど見えません。

まず、ありのままの自分を認めてあげてください。

今の自分を受け入れてください。あなたはそのままのあなた自身でいることに大きな意味があることを、ちゃんと知ってください。明らかに自分が悪ければ、その場で相手にきちんと謝ればいいだけの話です。でもその後に尾を引かないでください。モヤモヤした気持ちはすっぱりと手放しましょう。妙な罪悪感は持たないでください。素直に謝罪すればいいのです。謝罪に気づくことは必要ですが、反省や後悔の必要はありません。

自分の周りから嫌な人がいない状態にする。いつも愛にあふれている自分でいたいのなら、そういう状況を作ることが必要です。

未来のどこかで誰かが、あなたのためにそうしてくれるわけではありません。なりたい自分、嬉しくて楽しくて仕方ない状況をイメージし、まずはその状況にいる時の感情面だけでも体験すること。体験した瞬間、嬉しい結果の実現に向けて未来はエンジン全開で動き始めます。

私たちが行き着く場所、それは許しの境地です。

体験したことすべてに感謝し、許すことができ、他人の幸せを願うことができたら、その瞬間、あなたはこれまで経験したことのない幸せと成功の中へと移動します。

同時に、許すことで一番難しいのは自分自身だということも忘れないでください。

自分を許すことは自分を愛すること。そこで初めてあなたは本当に自由になれます。

人生は私たち自身が作り上げている物語です。

物語で一番輝いて見えるのは、自由に生きている人ですよね？

いいこと
メモ

ありのままの自分を認めることで、
初めてあなたは自由になれます。

第三章

自分の使命に気づくルール

Rule 09

自分の使命を知る方法があります

自分の使命とは何だろうか、と真剣に考える人が増えました。

これも時代の流れです。私たちはとてもいい流れに乗ろうとしています。

そもそも、使命は頭で考えて導き出すものではありません。

あなたが胸の中でそっと抱えるハートでそれを感じればいいのです。そこで感じたものが自分にとっての使命かもしれないし、使命につながることかもしれません。

何かに集中している時に、突然、自分の使命を感じるような瞬間もあります。これは成功者と呼ばれる、様々な世界で名を成した方に多いパターンです。彼らは自分の使命は何だろうなどと考えることなく、目の前にある仕事に夢中になって取り組んでいます。すると自分のハートが何かを感じる。つまり「降りて来る」というわけです。

頭で「自分は何のために生きているのか？」「自分の使命は？」と考えることなく、**「今、自分がやるべきこと」に向かい、その方向の延長線上にあるものを手に入れること**。それがあなたの使命につながるものです。

そのプロセスにおいて、最も大切なことがあります。

それは、**自分を信じること**。

本当にこんなことが自分の使命につながるのだろうかと余計な疑問を持たず、ハートで感じたあなた自身の声をしっかり信じてください。使命を果たす上で大事なのは、自分を信じるという強いエネルギーです。エネルギーが弱いと使命が見つかりません。

さて、こうしたことが早く実現するための簡単なワークをお教えしましょう。

まず自分のハートに意識を持っていきます。

ハートに意識をと言われても戸惑う方がいるかもしれません。これでいいのかなと疑問が湧くかもしれませんが、その戸惑いさえもハートに落としてみてください。ハートの中心をイメージし、そこにすべての意識を集中します。まるでそのハートに流していくような感覚で、すべての意識をハートに送ってあげてください。

次に、そのハートにいくつもの扉がある絵をイメージしてください。

扉の色や形は自由なイメージで大丈夫です。その扉が一つひとつ順番に開かれていくのを感じ、一つ開かれるたびに扉の中から自分にとって不要な物（物、言葉、態度、記憶、習慣など）が出ていくとイメージしてください。ハートの大掃除ですね。

ここで大切なことがあります。

このイメージングを真剣に考えないでください。

子どものように「遊び」としてイメージを楽しんでください。

なぜなら、イメージングは何よりも楽しむことが重要なのです。だから自分を解放するためのワークなどと重大に考えず、ちょっとワクワクするような気持ち、つまりゲーム感覚で遊んでみてください。

私たちは真剣になればなるほど、空回りします。

思考が動き始めると「こうしなきゃいけない」と自分を振り回すからです。頭で考えれば考えるほど、自分が本当に知りたい答えがわからなくなるのです。

ハートをイメージしてそれを感じ、徐々にハートを広げるイメージを持つこと。そこにはたくさんの愛があります。信頼という文字も見えるでしょう。**信頼という文字の扉の向こうには真実という扉があります。真実という扉を開けると、そこには今のあなたにとって最も大切な情報が隠されています。**

その情報を、あなたにとって一番わかりやすい方法で受け取ってください。どんな方法でもかまいません。1枚の絵かもしれないし、物語を映像として観ることかもしれません。誰かがそこであなたを待っていてあなたに語りかけるのかもしれないし、音楽があなたの心に響くのかもしれない。あるいは短い言葉かもしれません。
静かにハートを感じてください。
ハートを感じることを習慣化すること。それが大切です。

いいこと
メモ

余計な疑問を持たずに自分を信じると、受け取る情報の質と量が上がります。

Rule 10

誕生日には重要な秘密が隠されています

皆さんは誕生日について、どんな思いがありますか？

単に生まれた日、または誰か著名人と同じ日、あるいは早生まれとか祝日生まれとか、普通に考えても色々な視点があるでしょう。西洋占星術的な視点だと、生年月日からホロスコープ（生まれた時の天体の配置図）を割り出し、あなたにどんな特性があるのか、人生においてどんなことに気をつけるべきかを指南します。

私は誕生日をバーコードと考えています。ピッとやる、あのバーコードです。

私たちは皆、何度となく生まれ変わっていますが、生まれる前には必ず、それまでの経験を踏まえて「次はこんな生き方を」と人生のシナリオを決めます。

そこでカギとなるのが誕生日というバーコードです。

バーコードというか、そこに並んだ6~8ケタの数字には秘密があります。

その数字は、私たちの意識を高めて解放するだけでなく、私たちが物心両面で豊かに成功するために必要なエネルギーを集めるための重要な働きをします。

誕生日の見方が、ちょっと変わりましたか?

ちなみにあなたも私も、その日にたまたま生まれたわけではありません。

ちゃんとその日を選んで生まれて来ているのです。

そこで誕生日を使った秘密のイメージングをお教えします。

まず、自分の誕生日を頭に浮かべてください。1978年6月5日生まれなら、1978６5と思い描きます。1990年12月16日なら、19901216と思い描きます。6ケタ、7ケタ、8ケタと、生年月日によってケタ数は違います。

さて、準備はいいですか？

あなたが思い描いた数字を、頭の中で繰り返してください。

次にイメージとして、あなたの胸のハートにその数字を入れてください。ハートに入れたら、その数字を心の中で何度も繰り返してください。繰り返すことで、あなたのハートが開き、開いたハートからあなたにとって大切な情報が出て来ます。**誕生日という数字は、ハートを開かせるためのカギだったのです。**

ハートが開きましたので、その次はあなたの体にあるエネルギーが出入りする場所を開くために刺激してみましょう。

先ほどと同じように数字を頭に浮かべ、意識を体の一番下の場所（会《え》陰《いん》＝性器と肛門の間）へと持っていきます。そして今度は数字を口に出し、会陰に意識を集中してください。その次は頭のてっぺん（百会《ひゃくえ》）へと意識を移し、数字を口にしながら百会に意識を集中してください。百会の次はのどへ、最後に額へと意識を移動させます。

それが終わると、今度は額、のど、百会、会陰と、逆方向に同じ作業を繰り返してください。この時、明るい光が体の中心を上昇して頭のてっぺんから抜けていくイメージをしながら、唱えていた数字を天高く飛ばしましょう。

そしてイメージングの最後に、額を意識して肛門をギュッと締め、舌先を口の中の上へとくっつけながら数字を口にしてください。

できればこれを、毎日3セットおこなってください。

それほど時間はかからないと思います。

イスやソファに座っている状態でも、ベッドで寝ている状態でもかまいません。できるだけ背骨を真っすぐにしておこなってください。

大切なのは、必死にやらないこと。**数字を思い描き、リラックスしながら体をほぐすようなゲーム感覚で試してみてください。**ほら、エネルギーが出入りする場所が開いたでしょ？

いいことメモ

秘密のバーコードである誕生日は、物心両面での豊かさをもたらしてくれます。

今の仕事に あなたの使命が隠されています

どんな職種や業界でも、仕事をしているとある瞬間、自分は今の仕事を続けていいのかと不安になるものです。不安はあなたの地位や年収など、いわば「見えている条件」がどうであろうと、定期的にやって来ます。

今やるべきこととの延長にあなた自身の使命につながるものがあることは間違いないとしても、大半の人がそれを実感できないために、漠然とした不安はなかなか消えてくれません。そんな不安はどこから来ているのでしょうか？

答えは、あなた自身が自分という存在をどう感じているかに関わってきます。

あなたは他人と自分を比べてばかりではありませんか？

ミラーリングの話は先述しましたが、あなたの周囲にいる人は、あなたが感情として持った通りのアクションを起こします。同時に、彼らはあなたより少し進化している、またはあなたより少し進化が遅れている人です。もともとたった一つの魂から分かれた私たちですが、進化の度合いは人によってまちまちなのです。

日常生活を通じて、私たちは様々なことを学びます。いいことも悪いこともありますが、その「いい・悪い」という価値観さえも本当に正しいのかどうかといったことまで、私たちにとっては大きな学びです。そしてあなたの周囲にいる人は皆、あなたがそうした学びを得るために助けてくれる貴重な人々なのです。

あなたの周囲にいる人々は、少し前のあなたであるかもしれないし、少し先のあなたかもしれない。例えばあなたがその人たちに嫉妬する、何らかのネガティブな感情を持つ、要するに彼らに愛を持つことができないというのは、あなたが自分を愛していないという状態と同じです。自分と他人を比べて複雑な感情を持つことには、何の意味もありません。

もっと素敵になりたい、カッコ良く生きたいと思う気持ちは大切です。そうであるなら、誰かを見て嫉妬することを今すぐやめて、その気持ちを自分に向けてみませんか?

これは使命とは何かというテーマにもつながることです。

そもそも今の自分を否定的・悲観的に見ていると、否定的・悲観的な現実しかやって来ません。「つまらない仕事を続ける、パッとしない自分」と感じていると、仕事はますますつまらなくなり、自分の周囲ではパッとしないことしか起きません。

世の中は、人もお金も情報も物もすべてが「欲しい・欲しくない」「必要・不要」「愛がある・愛がない」といったエネルギーの循環で動いています。だからネガティブな感情には必ずネガティブなエネルギーが引き寄せられます。磁石の法則です。

だからこそ、ポジティブに考えることが重要なのです。

多くの人が様々な劣等感で悩まされていることは承知しています。しかし私たちの存在意義を考えると、そもそも劣等感を持つ必要はありません。ムダな人などこの世には一人として生まれて来ないのです。

いちいち他人と比較することなく、自分はこの仕事が好きだからやっている、続けているという実感を持ってください。その意識があなたを向上させます。他人がどう見ようと、どう思おうと、どう言おうと、あなたはあなたの考えで、あなたの道を歩くことが大切です。

あなたが懸命に仕事をして、それに夢中になっていると、あなたの周囲には進化するあなたに必要な仲間が必ず出現します。他人を見てあれこれ悩む暇があるなら、目の前のことに集中してください。

いいことメモ

夢中になって仕事をしていると、自分に必要な仲間が必ず出現します。

Rule 12

私たちは皆、親を選んで生まれて来ます

家族というのは私たちにとって、初めてのコミュニケーション相手であると同時に、最大のしがらみです。

最初にお話ししておきますが、私たちは両親や兄弟・姉妹など、自分の家庭環境をあらかじめ選んで生まれて来ます。これは逃れようのない事実です。

私の場合、私が母親のお腹に宿った時、すでに両親の愛情関係は終わっていました。母は私を生まないつもりだったそうです。しかし、数年前に受けたヒプノセラピー（前世療法、退行催眠療法）によって、私が両親を選んだ時の記憶にさかのぼった時、自分があえて破局している両親を選んだことを

知りました。生まれたくなかった私は、あえて「自分を生んでくれない人」を親として選んだつもりでした。しかし私の希望に反して母は私を生んだのです。

生活苦に陥った母が二人の姉と私を連れて電車に飛び込もうとしたシーン、赤ん坊だった私が寝ている部屋から出火したものの助かったシーン……。ヒプノセラピーで様々な場面がよみがえると同時に、「もう少しだったのに」と思っている自分がいたことを私は初めて知りました。

私たちは皆、自分の周りにいるすべての「配役」を生前に決めて生まれてきます。

その配役はあなたがこの人生で解決したいテーマを手助けしてくれます。だからいい役の人もいれば悪い役の人もいます。彼らはあなた自身と配役について合意してくれた貴重な人々です。

あなたが自分をもっと強くしたい、もっと強く生きたいと思うなら、あなたに対して攻撃して来る親、兄弟、姉妹、周囲の人など、自分にとって苦しい環境をあえて引き寄せてください。引き寄せた現実と向き合ってください。

かつて親に愛されなかった人、親から虐待を受けた人は、私の提案に納得がいかないでしょう。でも、そこで逃げてはまた先で現実が追いかけて来ます。**人生の課題というのは解消されない限り、どこまでもあなたを追いかけて来るのです。**

ある青年は、子どもの頃から父親に暴力でコントロールされ続け、自分の人生を自分で選ぶことができない環境で育ちました。中学生くらいまでは親の言う通りに生活し続け、優秀な成績を修めていましたが、高校に入ると同時に自分をコントロールできなくなり、ドラッグや悪事に手を染めるようになりました。

その青年がある日私のところにやってきました。彼の体は極めて不健康で、生きていくのが困難な状態でした。

「ここで何も起きなかったら、死ぬつもりでした」

のちに彼はそう語ってくれました。

セッションをするにつれて、自分が両親を選択したこと、前世で何度も修行僧だった自分がいて、苦行することで自分が成長できると思い描いたことなどがわかり、彼は本来の自分を取り戻し始めました。さらに、彼が長年恨んでいた父親、そして自分自身を心から許せたことで、心身の健康を取り戻すことができました。

その青年が驚いたのは、父親が突然、彼に対して「今まで本当に申しわけなかった。許して欲しい」と言って来たことだったそうです。

何が起きてもそんなセリフを口にするような父親ではなかったし、ほとんど顔を合わせないようにしていたので、自分の変化に気づくはずもなかった。

これは奇跡としか言いようがないと、彼は本当に嬉しそうに語りました。

あなたの親も、あなたにとっての課題を今回の人生で解決するために、あえてつらい役を引き受けてくれたのです。信じる、信じないは自由ですが、これは事実です。

だからそろそろ、あなた自身があなたに背負わせた「思い込み」を取り除きましょう。すると周りの人の態度やあなたとの関係性が変わります。

すべては自分から発しているのです。

いいことメモ

生前に配役を決めていた
事実を知ると、
あなた自身が持つ
思い込みが消えます。

Rule 13

パートナーとの出会いはすでに仕組まれています

私たちが生きる上で、最も重視する必要があるのはパートナーシップです。

パートナーシップとは、あなたのパートナー（相方）との「協力関係」ですが、この言葉自体は恋愛や結婚といった関係のみならず、友人との信頼関係、ビジネスにおける取引関係、スポーツにおける師弟関係など、様々な場面で使われます。

私がここで触れるのは恋愛や結婚におけるパートナーとの協力関係だとお考えください。

私にもあなたにも、恋愛や結婚生活を営む上での「パターン」があります。パターンは同じ状態を繰り返すということですが、もっとカジュアルな言葉で「癖」だとイメージしてもらって結構です。

好きだと言われると大して好きでもないのに惹《ひ》かれる。何でも自分より相手を優先してしまう。最後まで自分の気持ちを伝えられない。元カレや元カノが忘れられない。相手がいつも自分に対して怒るようになる。パートナーがいるのに複数の異性と関係を持ってしまう。結婚の話が出ると逃げる。相手の悪い所ばかり気になる。支払いはいつも自分。挙げるときりがありませんが、パターンは人の数だけあります。

色々な経験の結果としてトラウマ（心的外傷）化したパターンもあれば、過去世として持つパターンもあります。どちらにせよ、自分が持つパターンを解放するに越したことはありませんが、それは一人で努力してできることではありません。そのために、私たちは何度も同じような人と出会うように「仕組まれて」いるのです。

恋愛における失敗の多くは、パートナーを支配しようとすることから始まります。だからこそ、私たちは何度も同じような相手と出会わされるのです。でも残念ながら、何度も学習させられているはずなのに、その学習効果をなかなか発揮できません。

さらに残念なことに、そうした視点で人生を眺めることができる人が少ないことから、自分の至らなさを平気でパートナーのせいにし、結局はお互いの感情が入り乱れて破局、別の相手と付き合い結婚するも、また同じことを繰り返します。

「恋愛は自分が進化するために解放しなければならないことを映し出す」

まずはそれを理解してください。

そして、あなたが問題を持ちながらも今お付き合いしているパートナーを、頭ではなく心で感じてください。その人といて優しい気持ちになれますか？　その人といてあなた自身が良い状態になっていますか？　その人とのセックスはあなたを神聖な気持ちにしてくれますか？　そのセックスで肉体的にも健康な状態になれますか？　あなたはその人にいつでも素直な気持ちを伝えることができますか？

あなたがパートナーに持つ疑問は、パートナーがあなたに持っている疑問です。

恋愛も結婚も「鏡」です。パートナーの言動にはあなたの心が映し出されます。あなたが疑問を持っているうちは本当のパートナーはいつまでも現れず、たとえ現れたとしてもあなたのもとをすぐに去ってしまうことでしょう。

私たちがパートナーシップで学ぶことは、自分という鏡に映る相手の癖や嫌だなと感じる部分にこそあります。そこには無数のパターンがありますが、あなたがパターンにとらわれているうちは、事態は好転しません。

パートナーを批判・非難することをやめてください。あなたの周囲の人が発する雑音も遮断してください。その相手との出会いも確執も、事前に合意した上で引き寄せ合っています。いつまでもパターン化しないよう、そろそろ自分を解放してあげてください。

いいことメモ

恋愛における失敗の多くは、パートナーを支配しようとすることから始まります。

Rule 14

使命に気づいたら勇気を持って受け入れましょう

自分がやるべきことが見えたら、次の三つの言葉を暗唱してください。

「すべてが完璧です」
「すべてが楽しいです」
「すべてを受け入れます」

いつでも、どんなことが起きても、この三つを頭に置いてください。自分が嫌な状況になればなるほど、人が信じられなくなり、信頼がなくなり、生きる気力が失せるものですが、そもそもそれは自分の人生にとって本当にマイナスなのかをよく考えてください。

実は表面的に嫌なことに見えているだけで、好転反応であることが多いのです。

そこで試されること、それはあなたが持つ「勇気」です。

勇気を持って受け入れることはあなたの進化を早めます。進化が早まると、あなたにとって必要なものが勝手にやって来ます。すると生きて行く上での不自由が消えます。いいことしか起きません。

外から来る情報も大切ですが、あなたの内なる知恵はもっと大切です。

その知恵とつながる部分を強化することで、自分が何をしたらいいのかを理解できると同時に、自分にとって必要な情報を気軽に引き寄せることができます。普段の自分が知り得ないような情報が頭にパッと浮かび、直感力が強くなります。

あなたのハートには広大な情報空間へとつながるパイプが備わっています。ほとんどの方はそのパイプにフタをして、そこからダイレクトに情報を受けることができません。できないというか、実は自分でできないようにしているのです。なぜなら、私たち人間が自ら持つハートの力を信じようとしないからです。

ハートの力は無限です。外から来る情報と違い、何よりもあなた自身がダイレクトにつながっていますから、ネガティブなエネルギーや物質から守ってくれます。

ハートのパイプを開くために重要なことは、あなたが自分のハートに明るい光のイメージを持つこと。たったそれだけです。明るい光は愛の代名詞ですから、満たされているイメージを創造します。キラキラしたきれいな色の光をイメージしてください。

あなたが心地よく感じている場面では、それが簡単にできるでしょう。でも、怒りを持つような場面、つらい場面、悲しみを覚えるような場面で、光のイメージを持てるかどうか、そこが重要です。できないよと言えばそれまで。そこであえてイメージを持つ鍵を握るのが、あなたの勇気です。ネガティブな場面でそれができるようになれば、あなたは自分が持つトラウマを解放でき、負の感情が放出されます。

頭の中や気持ちが何だか詰まっているなと感じたら、すぐにこの光のイメ

ージングをやってみてください。きれいさっぱり洗い流すイメージを持ってください。不要なイメージや不要な感情が体の外へと出て行くイメージを描いてください。

あなたのハートのパイプがきれいになると、それまで閉じていたフタが一気に開かれます。その瞬間、あなたは欲しい情報を好きなだけ手に入れることができます。

その結果、あなたは悩まなくなります。

「自分が何をしたらいいのか？」「どの道を選択したらいいのか？」「これでうまくいっているのか？」など、そんなことが頭をよぎることがなくなるのです。

いいことメモ

勇気を持って使命を受け入れると、
必要なものが勝手にやって来ます。

自分が何者であるかは自分で決めることができます

一生懸命に学び、働いている人が陥りやすい穴があります。

それは、周囲や社会からの評価をできるだけ上昇させたいという願望です。

上昇志向自体が悪いわけではありませんが、そこに依存してしまうと、評価が自分の価値を決めるのだという強迫観念が芽生えます。先述した「外部評価の奴隷」ですね。

あなたは本来、何者でもありません。

誰でもないのです。

親からもらった名前でさえ、この世界で暮らすために最低限必要なパスワードの一つです。そもそも私たちは自由自在な存在ですが、その事実に気づくことがないために「自分はこの程度の人間」と、自分で自分を勝手に縛りつけています。

どこの学校を出てどこの会社に入り、誰と結婚したところで、あなた自身が持っている価値は変わりません。

同時に、あなたは何者にでもなることができます。

あなたはその時の状況次第で「ちょうどいい」役を自分で選択しています。過ぎず、足りず、まさにその時のあなたを反映するちょうどいい人物になっているわけです。「私はまだ足りない」「本来の自分ではない」と、自分への不平不満を口にする人がいますが、考えてみてください。

起きることのすべては私たちのイメージ次第です。

ちょっと前にあなたが持ったイメージ通りに、今のあなたは構成されているはずです。

何者でもなく、何者にでもなれるあなたは、結果として自分の位置を自分自身で決めていきます。だから何を言われようと、常にあなたらしく行動してください。

ビクビクしながら生きる必要はありません。誰かに「あなたはこういう人」と言われても、それはその人の勝手な意見ですから笑って受け流しましょう。

人は自分の周囲に対して、あくまでも自分の主観で見て考えます。主観とは思い込み。思い込みは長い時間の末に生まれた執着です。思い込むことをやめさせるのは難しいのですが、自分に投げられた思い込みをスルーすることはできます。

また、**必要以上に周りに合わせる必要はありません。**

心優しい人ほど、それが原因でストレスを過剰に溜めてしまいます。仮にあなたの悪口を耳にしたとしても、今よりも上のステージに行こうとしているあなたを理解できないのだとスルーしてください。

それとは逆に、あなたよりちょっとだけ進化しているように見える人、自由に生きているような人がどれほど気になったとしても、彼らに嫉妬せず、そのままの彼らを受け入れてください。**彼らこそ、ちょっと先のあなた自身です。**くれぐれもそのことを忘れないでください。周囲の目を気にせず、ありのままの現状を受け入れることが大切です。

社会は極めて複雑です。

いつもマニュアル通りには解決しません。あなたの持つ経験が仮に周囲より優れていたとしても、まずは周囲の意見を聞き、その意見さえも自分の武器として持てるような大らかさが大事です。必要以上に相手に合わせる必要はありませんが、進化のレベルは人それぞれ。あなたよりちょっとだけ遅い進化の人に、相手のレベルに合わせて教えてあげることも時には必要です。

スムーズにそれができれば、あなたは周囲の信頼を一層高めることができます。

いいことメモ

ちょっと先を歩いているように見える人は、ちょっと先のあなた自身なのです。

Rule 16

あなたを心から愛する人が集まる方法があります

こんな経験はありませんか？

いつか謝りたいと思っていた人と、ばったり出会ってしまったこと。

あるいは「そういえば、どうしているのかな」と誰かのことを考えていると、いきなり本人からメールが届いたり、または電話がかかって来たり。

私にも経験があります。ある人に謝りたいと思っていたら偶然、出会いました。実はその前に一度見かけていたのですが、その時に謝れなかったこともあり、自分の気持ちを正直に伝えることができ、自分が楽になりました。

思いは時間も空間も超える、とても強いエネルギーです。

私たちが思っている気持ちは、エネルギーとして相手に届いており、私たちが知らないうちに相手からの返事が届いています。あなたが誰かに対して、「大嫌い」「死んじゃえばいいのに」と心の中で思っていたとすると、あなたはその言葉が書かれたファクスを相手に送り続けていることになります。同時に、相手からの恨みのこもった返事をあなた自身が受け取り続けるわけです。これがブーメランの法則です。

私たちは自分と同じ思いの人とは、人生のどこかで一緒になります。それは勉強や研究だったり、仕事だったり、趣味だったりと、その時々のテーマでコラボレーションします。逆に違う思いの人とはどこかのグループで一緒になることがあったとしても、次第に交流しなくなります。

不満を持って生きている人は、同じように不満を持つ人と一緒になるし、楽しそうな人の周囲には同じく楽しそうな人がいます。思いは同じ思いを引き寄せるわけですね。

周囲を見回してください。

あなたの周囲にいる人がどんな人かで、あなたの状態が明確にわかります。

どんな人にも人生での使命があります。

それを知るために必要なことを先述しましたが、その根底にあるのは「あなたが自由になり、楽しく生きること」に尽きます。その気持ちがない限り、どんなに仕事で成功して出世しても、どんなにお金を稼いだとしても、どんなに玉の輿《こし》に乗ったとしても、精神的には苦しい人生を歩むことになります。

あなたが自由になり、人生を楽しむためには、まずあなたがこの世に「生

まれて来たこと」に心から感謝することが必要です。

心からの感謝を親に伝えてください。すでにこの世にいなくても、あなたが発信したメッセージは必ず親に伝わります。先ほどお話ししたように、思いというエネルギーは時間も空間も超えます。感謝を伝えるのに、遅いことはないのです。

あなたがどんな生い立ちだったにせよ、すべてはあなた自身のシナリオでした。許しがたい現実、許しがたい親、許しがたい環境、そういう背景があったにせよ、それはあなたがあなた自身に与えた試練だったのです。だから、もう誰も恨まないでください。

あなたが本当の愛を思い出すために、あなたが本当に自由になるために、あなたが本当の自分になるために、まずは心の中で親に、そして自分に「これまで本当にありがとう」と伝えてください。

これを毎日続けていると、あなたを心から愛する人があなたの周囲に集まり始めます。彼らはあなたを愛し、あなたを信頼し、あなたと一緒に歩いて行きたいと願う人々です。

そう、**彼らはあなたが引き寄せています。**生まれ変わったあなたを知った宇宙が、全面的にあなたを応援し始めたからです。

次の言葉を毎日、繰り返してください。

「その使命を現実化するために、自分が必要な人を引き寄せます」

「その使命を現実化するために、良い形でお金が入り、良い形でお金を使います」

「その使命を現実化するために、自分にとって良い空間を手に入れます」

古来、日本では言霊《ことだま》が重視されて来ました。言葉というのは思いと同様、とても強いエネルギーです。だから普段の言葉遣いには、十分気をつけてください。

冗談でも、自分を貶《おとし》めるような、あるいはバカにするような言葉は使わないこと。当たり前ですが、誰かをバカにするような言葉もダメです。いつも前向きな言葉を使うように習慣化してください。

いいこと
メモ

思いは時間も空間も超えるエネルギー。
すべてはあなたが引き寄せています。

第四章

幸運体質に変わるルール

Rule 17

人生を大きく変える魔法の言葉があります

「あの問題は、私にあのことをわからせるために起きたのかもしれない」

私自身、そう気づくことはあっても、

「どうしてあんなことをしてしまったのか。私がまだまだ未熟だから起きてしまったのだろう。もっと頑張らないとダメだ」

そんなふうには思いません。

すべては完璧です。いつも完璧な状況に、私もあなたも存在しています。

後悔や反省は一切必要ないのです。

1年後に順調に仕事をこなす自分がいたとしたら、1年前に経験した苦しみに感謝するでしょう。1年後に良いパートナーと出会って快適な生活を送っていたとしたら、1年前にあなたのもとを去ったパートナーに「あの時があったから今の幸せがある。ありがとう」と言えるでしょう。

だったら、それを先取りしましょう。

今、あなた自身がどんなに苦しい状況でも「すべてが完璧なプロセス」と言い続け、自分を苦しめている人に「**ありがとう。幸せになってね。私も幸せになるから**」と言い続けてください。

この手法は効果テキメンです。

あなたの本当の気持ちはあなたにしかわかりません。私が言っていることも理解しにくいと思います。だから最初はやりにくいと思いますが、この手法が結果としてあなた自身の幸せな未来を早く引っ張ることになり、10年後の幸せが1年後、あるいはもっと早まることになるのです。

なぜ早まるのか？

あなたがちょっと早めにステージを上げたからです。

人生に問題集があるとすれば、次の言葉はすべての問題に対する共通の解答です。

覚えておくと便利ですよ。

「私は完璧です。今はすべてが進化するための完璧な道のりです」

「ありがとう。もっと幸せになってください。私も、もっと幸せになります」

この言葉は、私自身の人生を大きく変えた魔法の言葉です。

第一章でお話ししましたが、20代の前半、虚弱体質で起き上がれない状況の中、神道を学んでいたある方に教えられた言葉でした。

ハワイのホ・オポノポノも、四つの言葉（ありがとう、ごめんなさい、許してください、愛しています）を唱えることで、自分が浄化され、その結果として相手との関係が変わるということで知られています。

言葉は言霊と言われるように、とても大きなパワーを持っています。

そして言葉は同じ思いを引き寄せます。

パソコンで検索したいキーワードを打ち込むと、瞬時にそのキーワードにマッチした情報が山のように出ます。引き寄せるというのはそういうことです。あなたがどんな言葉を使うかによって、あなたの人生の選択肢が変わるのです。
あなたが人を褒めれば、褒めた言葉にふさわしい状況を引き寄せます。あなたが相手をけなすとか、ネガティブな言葉ばかりを口にしていると、その言葉で検索された情報が山のように登場し始めます。

いいことメモ

あなたがどんな言葉を使うかによって、引き寄せる人生の選択肢が変わります。

Rule 18

美しい言葉、愛ある言葉、敬う言葉を使い続けましょう

日本には素晴らしい漢字があります。

それは「楽」です。私自身、この漢字が大好きです。

楽には「たのしい」という心が満ち足りて明るく愉快であるという意味と、「らく」という身も心も安らかなこと、ゆったりしていること、経済的に豊かで富んでいること、簡単でやさしいこと、苦労しない、などの意味があります。

この「楽」から、私が皆さんに提案したい気軽な口ぐせがあります。

それが次の四つです。

「ハッピー」「エンジョイ」「リッチ」「イージー」

この四つは新しい時代に必要な言葉です。

体や心を病んでまで必死になって働く、何ごとも歯を食いしばって耐える時代は終わりました。これからはいかに楽しく、いかに豊かになるか。それをあなたが気軽に実践する時代です。それはすべてをシンプルに考えることから始まります。

いつもイージーに考えるようになればストレスがなくなります。ストレスがなくなればハッピーで笑顔が絶えません。するとどんな状況もエンジョイできます。起きている状況に飲み込まれることもなく、恐れることもなく、自信が生まれます。

あなた自身が自信を持っていると、先に成功している人たちが注目します。

宇宙が自由に楽しんでいるあなたを見つけ、あなたの周囲を動かします。あなたに色々なことを与えますから、自然とリッチになるでしょう。お金だけではなく心も豊かになるということです。

言葉は言霊と先述しましたが、それはとても強いエネルギーです。言葉は宇宙へとアクセスするための音そのものであり、人生の選択肢をネット検索する時のキーワードだからです。美しい言葉を使えば、その言葉で自分に与えられる情報が決まり、その情報に必要な人物が引き寄せられます。

自分が思い描く人生に変えるためには、人との関わりが重要です。

あなたが誰かに出会うほど、多くの言葉を使うことが求められるからです。

そこで忘れてはならないのが、プラスのエネルギーを持つ言葉を心掛けること。

朝のあいさつはきちんとしましょう。「おはよう」「いいお天気ですね」「気持ちのいい朝だね」といった積極的な言葉はあなたと相手の良質なエネルギー交換を促します。「ありがとう（おおきに）」とお礼を言われたら「どういたしまして」と返礼しましょう。感謝はもらいっ放しではいけません。

誰かとの楽しい時間の別れ際には「またね（また会おうね）」と伝えてください。もしその相手と何らかの事情で再会できなくても、あちらの世界で会えるからねという深い意味が、またねという言葉には込められています。

さらにそこで大切なこと、それはあなたの気持ちを正直に表現するということです。

正直に何でも言うのではなく、ポジティブな気持ちを表現するということとです。相手を見ていると、色々な部分が見えると思います。あなたが言葉の魔法を使ってそこに愛を与えるというわけです。

きれいな目をしていればそれを伝え、優しい笑顔ならそれを教えてあげてください。その人は自分がギフトを持っていることに気がつきます。あなたが使う言葉の魔法は、あなたの周囲を生き返らせます。結果としてその魔法は、今度は相手から自分に向けて発信されます。

さらに私があなたにお勧めしたい言葉があります。

「**あなたに会えたから、今の私がいます**」

これをあなたの大切な人に、ぜひ伝えてください。

この言葉は尊敬のエネルギーを満たすと同時に、自分と相手の存在意義をより強固なものに変える言葉です。

いいことメモ

あなたに会えたから
今の私がいますと、
大切な人に
ぜひ伝えてあげてください。

Rule 19

イメージしたことはすべて現実化されます

人生でいいことなんてちっとも来ないという口ぐせの人がいます。

あなた自身はいかがですか？　そう思うこと、ありませんか？

そう尋ねる私にも苦《にが》い経験があります。心が満たされていないと、本当においしいものを食べていても何も感じないし、親しい仲間との楽しい会合に参加しても作り笑顔でつらいだけ。美しい大自然に身を置いたとしても何も感じません。

そもそもあなたは、どんな時に幸せを感じますか？

抜けるような青空。

大好きな食べ物。

幸せそうに笑うパートナーや家族。

夢中になれる仕事や趣味。

そこには本来の幸せがあります。

どんな状況でもあなたが幸せを見出せないのなら、仮に愛する人といたとしても、あるいは大金を手に入れたとしても、それは一時的な幸せであり、その状況に慣れてしまうことで別の幸せを探してさまよい続けるでしょう。

気づかないだけで身の回りにある多くの喜びを「本来の喜び」としてあなたが受け取るためには、あなたの中に「喜びを見出す」必要があります。

だったら意図的に、**あなたの中に幸せを作り出せばいいのです**。喜びを全身の細胞で呼び起こすわけです。

ご存じの通り、私たちの細胞は毎日生まれ変わっています。

これは私たちの肉体が常に生まれ変わっている証拠です。日常生活が単調だし、自分に特に何も起きていないと思っていても、細胞レベルでは日々、奇跡の連続です。

その奇跡をもっと感じましょう。

細胞に語りかけるようにその感覚に寄り添い、あなたの全身の細胞に感謝を述べてください。あなたのハートに手を当てて深呼吸してください。そこにたくさんの愛を感じてください。美しくキラキラと輝く光を感じてくださ い。そこに美しいものだけを映し出してみてください。

私たちがイメージしたことはすべて現実になります。

先述しましたが、思いというエネルギーは伝達する力が非常に強いからです。だからこそ、楽しいイメージやきれいな言葉を使う必要があるのです。

あなたのハートの奥深くに、あなたにとって最も幸せを感じる「映像」を映し出してください。あなた自身が脚本家や映画監督になるのです。そしてまるで自分が映写機になったように、そこにあなたが思い描く映像を映し出してみてください。

あなたがすべて創作できるのです。

ラブストーリーもあるだろうし冒険物もあるでしょう。平穏な生活における家族の再生という話もあるでしょう。あなたの愛を多くの人が受け取りたいと思っている、そんなストーリーを作り出してください。すると、あなたの現実生活において、たくさんの人からあなた自身が愛され、信頼されます。

今はあまり前向きな映像を作れないという人もいるかもしれません。それでも少しずつで結構ですから、何か楽しくなるような物語を想像しましょう。今のあなたが思い描く映像が暗くて湿り気のあるものだったとしても、映像自体はいつでも変えられます。思い立ったが吉日で、「よし、変えよう」と思った瞬間が新しい映画製作のスタートです。

イメージ作りは義務感でやる必要はありません。楽しみながらやると長続きします。

継続は力なり、です。

いいこと
メモ

あなたの中に幸せを作り出しましょう。
そう、すべては創作できるのです。

Rule 20

リズムを変えると周囲との関係が変わります

パートナーや家族同様、あなたの友人もあなたが引き寄せた人たちです。私たちは知らないうちに、自分の気づきや自分の欲のために、自分の思いに合った人を引き寄せます。そんな思いや感情には一定の「リズム」があります。リズムはまるで海の波のように、押したり引いたりします。

同じようなリズムを持っている人と一緒にいると心地よいし、違うリズムの人と一緒にいるとぶつかり合います。自分は近寄りたくなくても時に引きずり込まれることもあれば、自分がそのリズムを好きでもそこから押し出されたりすることもあります。

そんなリズムですが、これだけは覚えておいてください。

あなたのリズムはその時々で、あなた自身が決めているということ。

誰かに引きずられてしまって嫌な思いをしたと感じても、それはあなたが自分のリズムを変えなかったから。そこで学習して変えないと、また同じような人が現れて引きずられてしまいます。

リズムはいつでも変えることができます。どうしたら自分のリズムを変えられるのでしょうか？　それにはまず、自分のパターンに気づくことでしょう。

いつもお願いごとをされてばかりで何かと周囲に振り回されている人がいます。その人はなぜ、そうなのでしょうか？

それは「嫌われたくない、良い人と思われたい、人の役に立ちたい」という恐怖から発した感情があり、自分の正直な気持ちが言えないのです。

だから、お願いごとをされて本当は迷惑だけれども、つい「いいよ」と言ってしまうのです。一応は相手のためにと動いた自分を誇らしく思っていたとしても、「どうしていつも自分ばかり」と知らないうちにストレスが溜まります。

そしてそのストレスは次第にこんな思いを育て始めます。

「なんて図々しい奴だ。普通は気がつくだろう。バカにするのもいい加減にしろ」

二つ返事で引き受ける笑顔の裏で、あなたは相手を憎み始めます。

これでは自分がかわいそうだし、相手にも失礼です。本当の気持ちを伝えるパターンを作るしかありません。

冷静に考えてください。

頼まれごとを断ると、あなたは世の中のすべての人から嫌われますか？

良い人と思われたいがために、あなたは生まれたのでしょうか？

人の役に立ちたいのは理解できますが、あなたが犠牲になってまでそれをやる必要があるのでしょうか？ **自己犠牲の上に立つ社会貢献なんて存在しません。**

便利な人だからとあなたに頼みごとをするような人は、あなたの友人でも仲間でもありません。単にあなたを利用しているだけです。

だからパターンを変えましょう。

「ごめん、ちょっと忙しいから」とひと言伝えると、周囲はあなたが自分の意思で行動するのだと認知します。何でもかんでも断ればいいというわけではなく、**あなたが気持ち良く引き受けられること、興味のあることは受ければいいのです**。これがパターン変更です。

頼まれごとをうまく断れないというパターン以外にも、私たちが持つリズムには様々なパターンがあります。

・人の話に耳を貸そうとしない（せっかち）
・最後まで集中できない（飽きっぽい）
・自分の意見が言えない（依存症）

もちろん、良いパターンもたくさんありますが、それは右記の悪いパターンの逆を実践すればいいということ。あなたのパターン、ちょっと見直しませんか？

いいことメモ

自分のリズムを変えるには、
本当の気持ちを
伝えればいいのです。

Rule 21

あなたを苦しめる相手の幸せを願ってください

恋愛や結婚は喜びと不安が交錯する状況です。大きな学びが生まれます。

相手を失うかもという気持ちよりも、今を楽しむ気持ちを大きくすることで不安が消えます。しかしどんなに強い絆があっても、いずれ離ればなれになります。その最たる要因が死別です。だからそれまではその時、その瞬間を楽しむことが大切なのです。

どれだけの思い出が作れるか、どれだけ相手のことを思いやれるか。

そう考えると、つまらないことで意地を張り、自分の見栄で相手を悲しませ、嫉妬のために相手の携帯端末をチェックする、そんな時間があるくらいなら、パートナーと会話する時間を楽しむことが大切なのは明らかです。

私のところに来られたクライアントさんで、相手（恋愛中のパートナー）が浮気するのではないかと心配で、ちょっとした言葉が気になり相手を問い詰めてしまい、そんな自分をどうにかして欲しいという女性がいました。相手を失うのではないかと不安な気持ちになるのは、その人の幼少期の記憶以外にも過去世での経験など複雑な理由が入り混じります。単純に「あなたはこうです」と分析できません。

ヒーリングの結果、彼女はパートナーの言動が気にならなくなりました。パートナーの幸せ、彼女自身の幸せを心から願うことができるようになったのです。何よりも嬉しかったのが、彼女のパートナーから「とても楽になりました」と感謝されたこと。二人が幸せそうなのが印象的でした。

実はこの方法、あなたのパートナーの「浮気相手」にもお勧めです。

変な話ですか？（笑）浮気で悩む人はしっかり読んでください。普通なら激しく憎むような相手だと思いますが、そういう相手だからこそ、この方法が必要です。

あなたを苦しめているということは、恐らく過去世からのつながりがあります。もしかしたらあなた自身が相手を苦しめた経験があるかもしれません。そうではないにせよ、あなたに本当の愛を気づかせてくれる人物（配役）かもしれません。

嫉妬で逆上していても、まずは形だけでいいので、その相手の幸せを願ってみてください。続けるうちに、状況が良い方向へと変わります。知らないうちに何度も繰り返されていた「奪う」というパターンが解放されます。

何よりも憎むような相手の幸せを願うことができればあなたの進化は加速し、今回の人生の課題（テーマ）がもの凄い勢いでクリアされます。その結果、あなたのパートナーが心からあなたを愛してくれるようになる、もしくは、今よりもっと素敵なパートナーがあなたの前に登場します。これも前述したパターン変更の一つです。

もちろんこの方法は、浮気相手でなくとも有効です。

あなたが怒りや恨みや憎しみを持っている人の幸せを願ってください。

本人に口頭で伝えることができればこれほど楽なことはありませんが、本当につらい思いを与えられたのなら口頭で伝えることは困難です。

だから心で語りかけてください。「**ありがとう。もう私にはその経験は必**

要ありません。あなたもどうかお幸せに」

この言葉を心の中で彼らに伝えてください。できるだけ感謝してください。続けると、次第にあなたの意識レベルが変化しますから、あなたは相手とのご縁が切れる方向へと向かいます。住む世界が違うという言葉がありますが、不思議なもので、あなたの意識レベルが変化すると一緒にいる住人の顔ぶれも変わります。

そもそも意識レベルが変わると、相手のことが気にならなくなります。あるいは転職する、引っ越す、結婚・離婚するといったあなた自身のポジションも変わります。

人によって方向は様々ですが、良い形で縁が切れることは間違いありません。

いいことメモ

憎むべき相手の幸せを
願い続けると、
あなたは良い形で
相手と縁が切れます。

Rule 22

叶えたい願いを強くイメージしましょう

私たちが細胞レベルで、毎日生まれ変わっている話は先述しました。

そして全身の細胞には、これまで私たちが生きて来た上で経験した様々な記憶、あるいは過去世での様々なエピソードの結果として生まれた感情がインプットされています。細胞だけでなく、もちろん遺伝子にも過去世からつながる感情がインプットされています。

そう言われても、にわかには信じられない人が多いと思います。

米エモリー大学ヤーキス国立霊長類研究センターの研究チームは、科学雑誌『ネイチャー』誌上で「恐怖の記憶は精子を介して子孫に継承される」という興味深い発表をしています。

マウスによる実験ですが、脳の嗅覚神経細胞が大きな変化を遂げたという調査結果です。私たちの遺伝情報は遺伝子に刻まれて継承されますが、習慣やストレスなどの感情面の継承が科学的に発見されていることで、私がここで述べていることが多少は理解されるのではないでしょうか。

ここでは恐怖という感情がクローズアップされていますが、当然ながら**喜びや悲しみなど様々な感情が継承されている**ことは言うまでもありません。

さて継承するだけではなく、遺伝情報は後天的な要因、つまり私たちが成長するプロセスで影響を受けた要素によって書き換えることも可能です。

「エピジェネティクス」という新しい学問がそれに相当しますが、遺伝情報を書き換えるということは、遺伝情報と最も密接な関係を持つ全身の細胞が持つ記憶を書き換えることが可能だということです。

だからこそ、**あなたが叶えたい願いは強くイメージすることが大切なのです。**

イメージは細胞の一つひとつに浸透します。あなたが願った通りに細胞は動き始めるわけですが、そこで大切なことは願いが叶った後の感情、あるいはその情景を特に強くイメージしてください。「願いが叶った自分は、こんなに幸せなのだ」と想像してください。

脳から発信された情報に対して、全身の細胞は新しく記憶しようと動き始めます。それと同時に、遺伝子や細胞にそれまで記憶されていたネガティブな情報は、みごとに上塗りされます。パソコンで言うところの上書きですね。

ここで気をつけて欲しいことがあります。

くれぐれも落ち込んでいる状況で、イメージを作らないでください。

「どうして自分はこんな状況を抱えているのか」

「なぜ自分が思った通りに進まないのか」

「自分のやって来たことはムダだったのか」

間違っても自分を否定した状態でイメージをしないこと。あなたの細胞には悲しくて切ない記憶が強くすり込まれます。そうでなくとも、私たちは多くのご先祖から受け継いだ情報を抱えて毎日を生きています。情報がいいものだけならまだしも、当然ながら悪いものもたくさんあり、それらは因縁と呼ばれたりもします。

因縁は細胞に残った記憶（残滓《ざんし》）です。あなたのご先祖が経験した様々な感情が遺伝子や細胞へと次々にダウンロードされ、今を生きる私たちの癖や行動パターンへとつながっているのです。

そこに意識を向かわせず、あなたはあなたが生きたい人生を、なりたい自分を強くイメージしてください。過去世からの因縁は、新しい情報によって細胞レベルできっちり上書きすることができます。

たかが細胞、されど細胞。

思いは過去に飛ばさず、未来に向かって飛ばしてください。

いいこと
メモ

思いは過去へと飛ばすのではなく、
あなたが欲しい未来へと飛ばしましょう。

Rule 23

10のパスワードで成功を手にしてください

私が普段、気持ちとして備えていること、実践していること、誰かにアドバイスしていることが、10項目あります。

これらは成功するための、もっと厳密に言えば覚醒するための「パスワード」です。パスワードがわからなければ、どんなものも開くことができません。簡単ですが、ここであなたに提案したいと思います。

①　**自分が何者であるかと探す前に、自分が何者であるかを自分自身で決めることができます。**だからそのように振る舞えば良いのです。

②　**どんな時も魂が向上しようとするのをやめてはいけません。**あなたのマインド、意識が目覚めなければ、魂は苦しむ一方です。誰もあなたを苦しめてはいません。あなたを苦しめているのは、あなたの意識が持つエゴだと知ってください。

③　**未来を心配する、過去を悔やむということは、あなたの両親や先祖を批判していることになります。**あなたは多くのネットワークから生まれた「創造者」なのです。

④　**言葉は大切に扱ってください。**この世のすべての生みの親は「言葉とイメージ」です。美しい言葉、愛ある言葉、敬う言葉、などを使うことが自分の進化を早めます。

⑤　**感情を無理に止めないでください。**泣きたい時に泣き、嬉しい時に喜び、

怒りたくなったら叫べばいいのです。その感情は、あなただけの感情ではありません。あなたにつながっている多くの人の感情です。

⑥ **誰かから受け取る優しさをムダにしないでください。**優しさを受け入れることが、あなたにとっての道です。自分にとって無意味だとか、わずらわしいと感じたとしても、感謝して耳を貸すこと。最終的には自分がすべてを決めれば良いのです。

⑦ **多くの人が「待っている」ことを忘れないでください。**じきに、地球でのことがすべてではないという事実を証明することができます。私たちには地球で進化したというギフトを受け取り、それをお土産として持って帰る場所があります。

⑧ **他人が進化している姿を尊重してください。**あなたのその姿勢が自身の

進化を早めることになります。誰かが幸せになれば祝福し、誰かが悲しめば励ましてあげてください。相手が自分にとってどういう存在だったとしても、その気持ちを持ち続けることが自分を祝福することへとつながります。

⑨ **神（創造主）より上の存在はいないし、神より下の存在もいないという事実を知ってください。**あなたも他者も皆、神の「種」を持っています。それを育てるための十分な愛、光、知恵という名の栄養を与えることを忘れているだけです。

⑩ **どんな状況でも恨まないでください。**恨みは自分を破壊する最強の爆弾です。結果には必ず、それが起こるまでの原因が存在します。その方程式を解き明かし、解放することだけが、自分が自分に与えた呪縛から逃

れる方法です。その最善策は、自分にとって恨めしい、憎たらしい存在に愛と光を送り、相手の幸せを願うことです。

すぐに実行できるものばかりだと思いますが、一つだけコツがあります。それは、続けること。

継続は力なりという言葉を忘れないでください。

私たちは皆、希望者としてこの世に降りました。試験にパスするための人生を始めたのです。それはまるでゲームのようです。

ゲームですから当然、あなたをしくじらせようと、怒らせようとする人が登場します。信じられないような出来事も起きます。途中でギブアップしたいと自ら人生というゲームを中止する人もいます。

しかし、このゲームは終わりません。私たちがすべてをクリアできればゲーム終了です。そしてその時、私たちはこの地球に再び戻ることはありません。

いいこと
メモ

人生は試験にパスするためのゲーム。コツは続けること以外にありません。

Rule 24

すべての出来事は進化のためと知ってください

クライアントさんから、よくこんな相談を受けました。

「他人と比べることでしか、自分のポジションを確認できない」

恐らく世の大多数の人が持つ代表的な「比較思考」だと思います。ここで問題なのは、あなたが自分という存在をどう感じているか。何をもって他人と自分を比べているかということです。

そもそも比較するという発想自体、私たちの中にはありませんでした。比較という発想は、私たちがそうすることで得をする一部の人々からすり込まれた発想です。

私たちはたった一つの存在として誕生しました。

その後、たった一つの存在は無数に分裂し、私たちはそれぞれの時代、国家、民族、家庭環境などを選択して生まれて来ました。

だから私は言います。

あなたが今、自分と比べている相手は「あなた自身」なのです。

その人たちに嫉妬し、ネガティブな意味で自分と比べるということ、彼らに対して愛を持つことができないということは、自分を愛していないということです。自分を愛することの重要性を説いた偉人たちの言いたかったことは、まさにここにあります。

そのための唱えごとがあります。

自分と他人を比べようとする考えが頭に浮かんだら、こう言ってください。

「私は自分を心から愛しています。私は素敵な自分に進化することを知っています」

何も考えず、ただ呪文のように唱えることをお勧めします。口ぐせにできれば、いつの間にか他人と比べる気持ちが消えます。

同時にそれを続けると、過去の失敗や劣等感が消えます。そんなことは、もうどうでもいいという気持ちに変わるのです。

ちなみに私のクライアントさんには、美しいだけでなく豊かな才能に恵まれている、いわば才色兼備な方がたくさんいらっしゃいますが、意外なほど、自分に自信がない方や劣等感で悩まされている方が多いのです。

上を見るときりがなく、下を見てもきりがないということでしょう。

しかしある意味、この「きりがない」という感情が私たちの進化を促進するエネルギーの一つでもあります。ちょっと逆説的な言い方になりますが、そのエネルギーを自分が進化するためのエネルギーとして使うことが可能なのです。

すべての出来事はあなたが進化するためのプロセスです。

多くの方が様々な劣等感で悩んでいますが、劣等感という負のエネルギーではなく、自分を進化・向上させるためのエネルギーに変換することが大切です。

いいこと
メモ

劣等感や嫉妬という負のエネルギーを、ポジティブな方向で利用しましょう。

Rule 25

意識も食事も太陽のエネルギーが重要です

朝、最も大切なことは、太陽の光を浴びるということです。

神道においても、あるいは沖縄のユタ（霊媒師）たちも、朝日が昇る瞬間に「第三の目」（額にあるエネルギーが出入りする場所）に太陽のエネルギーを注ぎ込みます。それは本来、私たちが持っている能力を呼び起こすための儀式のようです。

太陽の光は、私たちの神経経路に大きな影響を及ぼします。

この先、あなたが何らかの瞑想をおこなう際には「私の体の太陽を取り込むシステムが正常になります」と意識したイメージングを、まずおこなってください。

私たちが持つ太陽エネルギーを取り込む経路は、もともと開いていました。しかし様々な歴史の過程で受けたストレスの影響で閉じてしまったのです。意識すれば開きます。だからこそ、朝の深呼吸と一緒にこのイメージングをおこなって欲しいのです。

食事に関しても、お伝えしたいことがあります。

まずは生きている食物を摂取することが、一番大切だということです。

加工されている食物はほとんどが死んでおり、私たちの細胞の活性化を考えると、できるだけ新鮮な生野菜や果実などをそのままの形で食べることをお勧めします。

欲を言えば、無農薬の農園から収穫したばかりの野菜をすぐに食べることで、生きている野菜のエネルギーと栄養を口にするのが良いでしょう。

昼間、太陽の光をたくさん浴びたグリーンの葉っぱ類には豊かな光合成が起きます。光エネルギーによって、空気中の水分、二酸化炭素から、デンプン、グルコースなどの糖類、あるいは有機物や酸素を合成するのです。

ほうれん草などの葉菜は、むしろ夜のほうがビタミンCを多く含んでいます。反対にコーン、トマト、果物類などは、夜の間に昼間に作られた糖分が時間をかけて果実に送られることから、朝のもぎたてが甘くておいしく、栄養価が高いのです。

栄養をたっぷり含んだ食事は心身をともに健康にしますが、そうした野菜や果物のように自分自身も栄養を受け取れる状態にしておく必要があります。

ヒーリングセッションを毎日、朝から夜までおこなっていた数年間、私はほとんど食事をしませんでした。でもガリガリに痩《や》せないし、元気一杯でした。

今でもそうです。野菜や果実などを中心とした最低限の食事で、食べる量が少なくても太陽エネルギーや宇宙エネルギーを受け取ることで肉体的には問題ありません。知り合いの医師に調べてもらったところ、十分な栄養素を摂取できているそうです。

食事に関しては、世界中で様々な意見や論争が起きています。

正直な感想としては、食事はその人の価値観でおこなえばいいと思います。こうしないといけない、その食事法は間違っていると声高に叫ぶようなことはしないほうがいいでしょう。

いいことメモ

生きている食物を
摂取することが、
私たちにとって
最も大切なことです。

Rule 26

お金に愛を送るワークがあります

お金の話をすると、嫌な顔をされる方がいます。

誤解を恐れずに言いますが、そういう方のほとんどはお金に対する認識が歪《ゆが》んでいます。お金は汚い物、不浄な物という偏《かたよ》った考え方をしているケースが多いのです。

あるいは**お金の問題を抱える人は、お金に対して愛を持っていない人です。**

お金を持つと不幸になると思っている人も多いでしょう。お金に嫌悪感を持っているのです。お金があったために親族で揉めたとか、逆になかったために苦労をした、そういう方がお金に嫌悪感を持ちやすくなります。資産家だった先祖がのちに不幸になったという意識が代々刻まれているなど、罪悪感が過去世で熟成されてしまった人もいます。


「愛があればお金なんかなくていい」

「お金がなくても健康ならいい」

「お金を持つと問題が起きる。不幸になる」

「お金が入っても一瞬で失ってしまう」


そんな感情を持ってしまっているのです。とても残念ですね。

そもそもお金に良し悪しはありません。早くその事実に気づきましょう。

そういう人にこそ、お金に愛を送るワークをお勧めします。

「お金に対する悪意、嫌悪感を、すべて解放します」

そう口に出して宣言してください。

そしてお金をイメージし、それらに愛を送り続けてください。

「私は真実の愛で包まれたお金を受け取り、真実の愛によってお金を使います」

「自分にとって本当に必要な物を、大切なお金と交換します」

自分に対してそう宣言しながら、光り輝くお金が自分に降り注がれるイメージを強く持ってください。

お金は人間同様、嫌っている人や悪口を言う人には近づきません。

私はお金をいただく際には、「大切に使わせていただきます」と言い、支払う際には、「ありがとう。良い形で戻って来てね」と伝えます。

バカな、何で無機物と対話するのか。そう思われるかもしれませんが、お金は思いというエネルギーを帯びていますから、あちこち循環しながら戻る先のエネルギーをいつも探しています。そのエネルギーと同調した人の所に戻って来るのです。

たとえ少ないお金しかなくても愛を持つことはできます。逆にどんなにお金を積まれたとしても、お金に感情があると思えば悪いことができないはずです。

①愛と光に包まれたお金が自分に降り注がれるイメージを持ってください。

②お金を嫌わずお金を愛してください。

③良い形で受け取り、良い形で手放してください。

イメージングを含めたこの三つを、ぜひ続けてください。

私の言っていることが、次第にわかると思います。

いいことメモ

愛と光に包まれたお金が、あなたに降り注がれるイメージを持ちましょう。

Rule 27

幸せになるためには反射神経が大事です

やる気を持つ、やる気を保つためには、どうすればいいのでしょうか？

そのキーワードが「反射神経」。

私たちのやる気は、反射神経と深く関係しているからです。

私たちが歩いたり、走ったり、飛んだり、泳いだりと、当たり前のようにしている動作は、私たちの脳内に司令塔のようなものがあり、その司令塔が反射神経を使って私たちがイメージした方向へと動かす物理運動です。

つまりイメージした方向へと動かないのは、反射神経が作動していないわけです。

いざという時にパワーが出ないのは、自分が叶って欲しいと思っていることに対して反射神経が現実化することを恐れているとか、拒否しているとか、信頼していなかったりするからです。その結果、私たちの肉体が現実を引き寄せなくなります。

では、その反射神経を動かすにはどうすればいいのか？

反射神経は運動神経と関係します。運動神経が活発に動くほど反射神経に影響を及ぼすようになるのです。そう考えると、やる気を持つ、やる気を保つためには、日頃から適度な運動をすることが重要だとわかります。

やる気が出ないのであれば、とにかく家から出ましょう。

手っ取り早いのは、まず歩くこと。散歩ですね。歩いているうちに、自然と「自分を再生しよう」という気持ちが湧きます。

あるいはあなたの反射神経に、あなた自身が選択している方向（道筋）が間違っていないのだと教えてあげる必要があります。そのためには、あなたがイメージしていることが現実化すると楽しく幸せになることを教えてあげなくてはなりません。

そのためには逆の方法を使いましょう。

つまり何か楽しいことをしている時、幸せな時間を過ごしている時に、自分が望んでいることをイメージするわけです。ダンスが好きな人は踊りながら夢が叶った自分をイメージしてください。

おいしいものを食べている時に幸せだなあと感じたら、まさにその時、願いが叶った自分の姿をイメージしてください。

素晴らしい景色を見て感動している自分がいたら、その感動と同時に夢が叶って幸せ気分一杯な自分を鮮明にイメージします。

好きなミュージシャンの音楽を聴く、あるいはライブに行ったら、盛り上がっている状況、アドレナリンが出ている状態であなたが叶えたいことをイメージします。

何かをやった結果として幸せな気持ちになることをイメージするのではなく、**何か幸せな状況の時にあなたが将来叶えたいイメージを強く持つこと。**パッと感じたらパッと動く。反射神経は現実化させるための大事なキーワードです。

いいこと
メモ

やる気を持つ、やる気を保つために、
適度な運動を心掛けましょう。

Rule 28

離婚には大きな学びがあります

結婚は、私たちが間違いを起こさないようにと倫理上の理由で作られた制度ですが、それによって別の問題が生まれました。離婚です。

離婚は自分がしたくても相手の同意がないとできません。

離婚問題で揉めて裁判になる夫婦はたくさんいます。別れたい側からすると、まさに地獄でしょう。でも、人生のシナリオをあなた自身が書き上げているとすれば、こうした離婚劇もまた自分が作り上げたイベントなのです。

離婚で悩む人には、自分を犠牲にする独特のパターンを持っているとか、過去世で同じような体験をしているといった、実に様々な背景があります。

背景はどうであれ、こんなに苦しいことだとは思わなかったと実感しているのは、皆さんに共通していることでしょう。

本書を読まれている方に私が解決法を伝えるとすれば、やはり先述したように、離婚したいあなたのパートナーに「**これまでありがとう。もっと幸せになってください。私も幸せになります**」と言いながら、感謝して祈り続けることでしょう。

これまで離婚に関する相談をたくさん扱ってきて、これができる人とできない人とで結果が大きく違ったことが、私にはとても印象的でした。

忘れないでください。

すべては自分の気持ちから始まっています。その問題が起きたことも自分の中から始まっており、問題が解決できないのも自分がその問題を手放そうとしないからです。**だから相手を憎んで恨んだ末に離婚すると、再び同じ状況が繰り返されます。**

A夫婦とB夫婦という二組の夫婦がいます。

どちらも夫が浮気をしました。それも複数の方と繰り返しです。当然、二人の妻は夫に怒りを感じ、裏切られたと相手を責めます。二人の妻は浮気された苦しみから逃げることができなくなります。

A夫婦の妻は、それでも夫が良くなることを心から願いました。

怒りは持っているにせよ、夫が良くなることを願い、私の所で「私はいいから彼を良くして欲しい」と懇願されました。夫に対して怒りが爆発したとしても、それを彼と一緒に乗り越えようとしています。

B夫婦の妻は、徐々に夫を苦しめたいと思い始めます。裏切られた腹いせから、彼が私の所に来ることをやめ、どれだけ慰謝料を取れるかを考え始めました。目の前で苦しんでいる女性が人生をやり直すためにできるだけのことをしたいと願う私は、できるだけ多くの慰謝料をもらえるようにと動きます。しかしすべてがうまくいきません。悪い方向に空回りします。思わぬことが起きたりするのです。

なぜでしょうか？

誰もが「チャンス」を与えられています。B夫婦の妻もやり直すというチャンスを与えられていました。しかし欲を出し、相手をギャフンと言わせたいと思った途端、すべてが壊れ始めました。

A夫婦はその後、何度も大きなケンカをしながらも葛藤を乗り越え、妻は相手を心から許せるようになりました。改心した夫は妻を心から愛し、まずは妻の幸せを心から望むようになりました。妻も夫の過ちを心から許し、感謝の気持ちしかないと思えるようになりました。**二人とも、愛することは相手を上手にコントロールすることではなく、相手を責めることでもないのを思い出したのです。**

この先、二人がもし別れることになったとしても、お互いに同じ過ちは繰り返さないでしょう。そして来世で、彼らが同じ課題を与えられることはありません。

なぜなら、その課題はもうクリアしたからです。

いいことメモ

問題が解決できないのは、
その問題をいつまでも
手放そうとしないからです。

Rule 29

今やるべきことの優先順位をつけましょう

言うまでもなく、部屋やトイレの掃除をすることでエネルギーの流れをスムーズにし、家全体を活性化することができます。

それに異論はありません。

しかし、掃除が家事における優先順位において絶対的なトップかと言えば、そうではありません。あなたが何か大切なこと、今すぐにしなければならないこと、今しかできないこと、掃除より大切だと思えることがあれば、そっちに意識を向けてください。

掃除しないと腐敗するような場合は論外ですが、そうでないなら「今、何が一番大切？」と、**その時に優先することの順番をその都度つけることが好ましいと思います。**

これが私の考える「優先順位のつけ方」です。

そう、かなりラフな優先順位ですよね（笑）。

家事に限らず、このつけ方はすべてにおいて適用できます。

私の所に来られた方で、二人の小さなお子さんを持ち、それだけでも大変なのに常に家の中をきれいにしておかなければ気が済まないという女性がいました。

一見、とても素晴らしい奥様のように感じますが、彼女がその時点で本当に大事にしなければならないことは、多少家の中が散らかっていたとしてもお子さんと一緒に遊び、楽しい時間を共有して思い出を作ることだったのです。

子どもにとっては家の中がきれいなことよりも、お母さんと全力で遊んだ思い出のほうが大切な記憶として残ります。そこでちょっとの余裕があれば、例えば子どもと一緒に遊びながら片づけられると（片づけという遊びを子どもに教える）、それは素晴らしい体験になります。

ヒーリングをするプロセスで、私は彼女から「完璧に家事をこなさなければダメな妻」という執着を外しました。その後、彼女にお話を聞いたところ、何でもお母様が完璧主義でとにかくパーフェクトにこなす方だったそうです。

だから彼女の頭には、いつも「母に比べたら自分は劣等生」という思いが離れず、どんなに疲れていても掃除や料理を完璧にしなければ気が済まなかったのです。

経験者ならわかりますが、子育てや家事を完璧にしようと思うとストレスが溜まり過ぎて心がパンクします。多少汚れていても、家が散らかっていても、それを自分に許しつつ、心に余裕があってあなたが気持ち良くできる時に掃除をすればいいのです。

私も以前は徹底的に家の中を片づけていました。でも今は、多少散らかっていようと気にならなくなりました。今、自分がしたいこと、やるべきことに自然と意識が向くようになったからです。心が弾むような天気の時には散歩に出かけます。子どもたちと会話を楽しみたいと思えば買い物に行き、映画に行き、おいしい物を食べに行きます。記録に残したいことや誰かにメッセージを送りたい時があればデスクワークに励みます。疲れているなと思ったらすぐに寝ます。

その時々の優先順位をまさに守っているわけですが、これはある意味、**自分自身の見えない部分を片づける、というかクリアにしているのでしょう。**

曜日や時間を決めて、決めたことをきっちりとその通りにやることを勧める人もいますが、逆にそれで疲れてストレスを溜めてしまうくらいなら、その時々で優先順位を変えればいいと思います。

いいこと
メモ

曜日や時間を決めてやるのではなく、「今何が一番大切か？」を考えましょう。

自然界は何よりも素晴らしい先生です

私は時間さえあれば世界中を旅しています。

パワースポット巡りですかと尋ねられることもありますが、特にそういうわけではありません。気になる場所に足を向けると、そこがパワースポットだったりします。

ちなみにパワースポットと呼ばれる場所を訪れても、逆のエネルギーを感じたりすることがあります（どことは言いません）。その逆に、おどろおどろしい伝説、ミステリースポットなどと揶揄される場所に行ってみると、実は強烈なパワースポットだったりします。何らかの理由で人を近づけたくないために話を作ったのでしょう。

皆さんはパワースポットが万人にとっていい場所だと思われているかもしれませんが、それは少々違います。**その時のあなた自身がどんな状態なのかによっても、あなたに合うパワースポットが変わるのです。**

例えば、あなたの意識エネルギーが低迷しているのに高いエネルギーを持つ場所に行ってしまうと、必ずと言っていいほどあなたは具合が悪くなります。

自分の解放の仕方がわからなければ、一体、何が起きているのかがわかりませんので、有名な場所に旅行はしたけれど、具合が悪くてイライラしただけで終わってしまったなどという結果を招きかねません。

パワースポットと呼ばれる場所を訪れた時に具合が悪くなるとか、感情が

ネガティブな状態になったら、まずは大きく深呼吸してください。

そして「手放す必要がある感情、肉体的な不具合を解放します」と宣言し、体の中から濁った色や黒い煙が出るようなイメージングをおこなってください。それを深呼吸とともに何度か繰り返してください。

同時におこなって欲しいこと、それは、その場所がもっと輝く場所になりますようにと祈ること。先ほど触れましたが、世間でパワースポットと呼ばれる場所が、実はパワースポットではなかったりするからです。

これは初めてお話ししますが、私はかつて著名なパワースポットと呼ばれる場所で、多くの観光客にネガティブなエネルギーが大量に入り込むのを見たことがあります。彼らが持つネガティブな感情と地場のネガティブなエネルギーがつながったのです。

ネガティブなエネルギーは、自分自身を嫌う人や孤独な感情を持つ人の中に入りやすい存在です。自分を嫌いという気持ちが「自分を低迷させたい」という感情に変化して、ネガティブなエネルギーを引き寄せてしまうわけです。

あえて反論を覚悟で言いますが、**パワースポットと呼ばれる場所に無理に行く必要はありません**。あなたが心身ともに健康なら、旅行のお誘いがあったり、あなた自身がそういうツアーを目にしたり、どうしても気になって一人旅を考えるようになるもの。その時にあなたが行こうと決めた場所こそ行くべき場所です。

つまり「そこに呼ばれる状況になる」というわけです。

それでも何かエネルギーをいただきたい時は、どうするか？

その答えはたった一つ。自然の中へと行きましょう。

私たちにとって、何よりも素晴らしい先生はこの自然界です。

山、川、海、森、自然界こそ天然のパワースポットです。

自然界に接するだけで、あなたには様々な情報が降り、自分が解放されていくことがわかります。何よりも大自然のエネルギーを全身で受け取ることで、感謝の気持ちがあふれ出します。

そこに行けばパワーをもらえる、ご利益があると言われるから行くという取引的な意識ではなく、まずは自然界の美しさや素晴らしさを感じるために足を運んでください。

私たちも自然界の一員なのですから。

いいことメモ

ご利益を狙って
パワースポットに行くのではなく、
まずは自然界を楽しみましょう。

おわりに

「わたしの使命は何でしょうか？」

私が個人セッションをしていた時に、必ずと言っていいほど聞かれる言葉でした。本書でも触れましたが、この質問には深意があると感じます。

あなたは自分の使命が何だか、おわかりですか？

何らかの使命を感じて生きていらっしゃいますか？

そう質問されても、即答できる人はなかなかいません。でも、それが普通なのです。即答できないけれども、ちょっと気になるもの、それが使命というキーワードです。

私たちがこの地球に生まれた「目的」は、二つあります。

「表」の目的と「裏」の目的です。

表の目的は使命、ミッションと呼ばれるものです。あなたがことあるごとに知りたがるものですね。使命は「惑星のしがらみ」から出て来たものが多く、人類が使命に生きれば生きるほど、争いが多い世の中となるのです。

惑星のしがらみ？

本書もそろそろ終わろうとしているのに、何だかまた怪しいキーワード？（笑）

それって何でしょうか？

私がクライアントさんたちへのセッションを通して知ったこと、それは、私たちが転生（輪廻転生）する段階で、①地球の人生しか知らない人、②天使界の人生を経験して地球人に生まれ変わった人、③天使界だけでなく宇宙人を経験して地球人に生まれ変わった人、がいるということでした。「初めて地球人になった」という人もいます。

①～③のタイプ別分類を、簡単にしておきます。

① 地球の人生しか知らない人

・グループ行動が好き

・集団でトイレに行く、ツアーに参加する、集団でいることに安心する

・周りの人と同じであるとホッとする

②　天使界の人生を経験して地球人に生まれ変わった人

・人のために生きることが好きで、何かと犠牲になりやすい
・納得いくまでとことんやってしまうことから、気がつくと自分の人生はおざなりで、人のために生きていることが多い

③　天使界だけでなく宇宙人を経験して地球人に生まれ変わった人

・集団で地球に来ているのではなく、単独で来ているので基本的に一人が好き
・いつも孤独を感じている
・個性が強いので周りの人に合わせていればうまくいくけれど、本来の自分を出すと急に疎外感を抱く

・とにかく人と一緒が嫌い

様々な業界のアーティストの多くは、③の宇宙人経験がある人だと思います。宇宙に転生した経験が多いほど、個性や孤独感が強くなります。

そのため、彼らはこの地球をできるだけ早く去りたいと思っています。いつ死んでもいいという思いを抱く人は、宇宙の魂が強い人なのです。

しかしながらこの地球は、色々な惑星や星団からやって来た私たちの魂がシフトするために、つまり成長するために、絶好な場所なのです。宇宙のしがらみが全くない地球で成長することのほうが、はるかに容易なのです。

宇宙人を経験した人は自分の強い意思で生きているように感じますが、そこに「宇宙の意思」が働いています。かつて過ごした惑星固有の任務を背負っており、宇宙からコントロールされた人生を生きているというわけです。

これが、使命という名の「表の目的」です。

本当に重要なのは、実は「裏の目的」でした。裏の目的とは、**真の「愛」と「自由」を表現すること**です。宇宙は無限ではなく有限だと、私は考えています。同時にこれからの時代は、宇宙を超えた領域を意識することが大切だと感じます。

その結果、宇宙レベルのしがらみから全面的に解放され、本当の愛を理解することができ、私たちは晴れて自由になれるのです。

よく「愛は大切」と口にされますが、真の愛というのは、その出来事や人をありのままに見ることです。しかし多くの人は「あの人のために……」という情を愛だと勘違いしてしまい、人生で苦しみを味わうことになります。


「あの人のために頑張る」

「誰かのために生きる」

「自分を犠牲にしてでも人を助けたい」


これらは一見、とても美徳のように感じられます。

「私は人のために生きることが自分の幸せにつながっています。だから無償でも、その人が喜んでくれるのであれば、それでいい。人のために生きることに決めました」

そう語ってくれたクライアントさんがいました。

彼女は本業とは別に無償でカウンセリングをおこなっている方でした。そう聞くと、大半の方は、彼女がとても素晴らしい人だと思うでしょう。しかし彼女いわく、知り合いに高額のお金を貸し続けてしまい、結局、自分の財産がなくなってしまったとのこと。私は尋ねました。

「それでも幸せですか?」

「いえ。できれば返して欲しい。結局、その人のためになっていませんでした」

彼女はそう答えました。

誰かのために生きるのは、もうやめてください。

これからは自分のために生きてください。

それが結果として、人のためになります。誰かのためになります。

あなたが幸せを感じながら毎日を笑顔で過ごすこと。たったそれだけで、多くの人を幸せにすることができるのです。

愛と自由で生きる人が、存分に活躍できる時代に入りました。

皆さんの中にあるわだかまりも、意識の方向を変えることで徐々に氷解します。

これまで、私は人を癒すたびにその人から「ギフト」を受け取りました。

その時の私に必要なクライアントさんが現れ、彼らの課題と私の課題が同調した結果、私を進化させてくれました。

信じること。

この気持ちさえあれば、どんな状況も良い方向へと変化します。

どんな苦しい出来事も、自分が自分に与えている試練です。だから「もう自分には試練を与えない」と自分自身で決めれば、人生そのものが大きく変化します。

試練のない自由な人生になるのです。

そろそろ、そんな人生へと変えませんか？

そんな人生では、いいことしか起きなくなります。

*

そろそろ残りの紙数が迫って来ました。

ここまで読んでいただき、ありがとうございました。

デビュー作となった本書を出版してくださったマガジンハウスの皆さんには、本当に感謝の気持ちで一杯です。普段、何かとお世話になっている知人・友人の皆さん、クライアントの皆さん、自由奔放な私をいつも見守ってくれる家族、そして何よりも本書を手に取ってくださったあなたに、心からお礼を申し上げます。

本書があなたの生活の一助となれれば、これ以上に嬉しいことはありません。

またどこかでお会いできる日を願いつつ。

平成26年2月吉日　　時任千佳

この作品は二〇一四年二月マガジンハウスより刊行されたものです。

いいことしか起《お》きない30のルール

時《とき》任《とう》千《ち》佳《か》

平成29年8月5日　初版発行

発行人――石原正康
編集人――袖山満一子
発行所――株式会社幻冬舎
〒151-0051東京都渋谷区千駄ヶ谷4-9-7
電話　03(5411)6222(営業)
　　　03(5411)6211(編集)
振替00120-8-767643
印刷・製本―近代美術株式会社
装丁者――高橋雅之

幻冬舎文庫

ISBN978-4-344-42645-0　C0195　心-8-1

幻冬舎ホームページアドレス　http://www.gentosha.co.jp/
この本に関するご意見・ご感想をメールでお寄せいただく場合は、
comment@gentosha.co.jpまで。